Francisco de Rojas Zorrilla

La traición busca el castigo

Barcelona **2024**
Linkgua-ediciones.com

Créditos

Título original: La traición busca el castigo.

© 2024, Red ediciones S.L.

e-mail: info@linkgua.com

Diseño de cubierta: Michel Mallard.

ISBN tapa dura: 978-84-9953-495-4.
ISBN rústica: 978-84-9816-227-1.
ISBN ebook: 978-84-9897-772-1.

Cualquier forma de reproducción, distribución, comunicación pública o transformación de esta obra solo puede ser realizada con la autorización de sus titulares, salvo excepción prevista por la ley. Diríjase a CEDRO (Centro Español de Derechos Reprográficos, www.cedro.org) si necesita fotocopiar, escanear o hacer copias digitales de algún fragmento de esta obra.

Sumario

Créditos _____ 4

Brevísima presentación _____ 7
   La vida _____ 7

Personajes _____ 8

Jornada primera _____ 9

Jornada segunda _____ 63

Jornada tercera _____ 111

Libros a la carta _____ 159

Brevísima presentación

La vida

Francisco de Rojas Zorrilla (Toledo, 1607-Madrid, 1648). España.
Hijo de un militar toledano de origen judío, nació el 4 de octubre de 1607. Estudió en Salamanca y luego se trasladó a Madrid, donde vivió el resto de su vida. Fue uno de los poetas más encumbrados de la corte de Felipe IV. Y en 1645 obtuvo, por intervención del rey, el hábito de Santiago.

Empezó a escribir en 1632, junto a Pérez Montalbán y Calderón de la Barca, la tragedia El monstruo de la fortuna. Más tarde colaboró también con Vélez de Guevara, Mira de Amescua y otros autores.

Felipe IV protegió a Rojas y pronto las comedias de éste fueron a palacio; su sátira contra sus colegas fue tan dura al parecer que alguno de los ofendidos o algún matón a sueldo le dio varias cuchilladas que casi lo matan. En 1640, y para el estreno de un nuevo teatro construido con todo lujo, compuso por encargo la comedia *Los bandos de Verona*. El monarca, satisfecho con el dramaturgo, se empeñó en concederle el hábito de Santiago: las primeras informaciones no probaron ni su hidalguía ni su limpieza de sangre, antes bien, la empañaron; pero una segunda investigación que tuvo por escribano a Quevedo, mereció el placer y fue confirmado en el hábito (1643). En 1644, desolado el monarca por la muerte de su esposa Isabel de Borbón y poco más tarde por la de su hijo, ordenó clausurar los teatros, que no se abrirían ya en vida de Rojas Zorrilla, muerto en Madrid el 23 de enero de 1648.

Personajes

Don Andrés de Alvarado
Don Juan Osorio
Don García de Torrellas
Don Félix
Doña Leonor de Cabrera
Doña Juana Torrellas
Inés, criada
Mojicón
Músicos

Jornada primera

(Sale Mojicón huyendo de don Andrés, vestidos de soldados.)

Don Andrés
O me tenéis por menguado,
o os parezco muy sufrido,
hermano, ¿os he recibido
por consejero o criado?

Mojicón
Que agradezcas es razón
que te he aconsejado bien.

Don Andrés
¿Por qué ha de querer también
discurrir un berganton?

Mojicón
Si moralicé leal
ya te dejo tu albedrío.

Don Andrés
¿Moral me sois, hijo mío?
A Granada a ser moral.

Mojicón
Conmigo eres un Nerón.

Don Andrés
Idos.

Mojicón
¿Que aquesto has de hacer?

Don Andrés
¿Por ser Nerón queréis ser
mi Séneca, picarón?
¿No os vais?

Mojicón
No estés temerario.

Don Andrés
Esto he de elegir por medio.

Mojicón	¿No hay remedio?
Don Andrés	No hay remedio.
Mojicón	Pues cuenta, y venga el salario.
Don Andrés	Pues que siempre obedecí cuanto habéis aconsejado, yo he sido vuestro criado, pagádmelo vos a mí.
Mojicón	Pues si airado y temerario dices que no has de pagar, vive Dios que he de cobrar en consejos mi salario.
Don Andrés	Pues yo no me he de burlar si más consejos dais vos, y os juro también a Dios que no os tengo de pagar.
Mojicón	No importa.
Don Andrés	Pues empezad.
Mojicón	Mi naturaleza obre. Aconseje yo y no cobre.
Don Andrés	No pague y aconsejad.
Mojicón	Darle consejos intento.
Don Andrés	No pagarle determino.

Mojicón	Esto quiero.
Don Andrés	Esto imagino.
Mojicón	Adiós salario; oye atento.
Don Andrés	Tente, que el intento dejo.
Mojicón	¿Es porque no te reprehenda?
Don Andrés	Llévate toda mi hacienda
y no me des un consejo.
Mojicón	Pues determinado estás,
perdona esta impertinencia,
solo te pido licencia
de preguntarte no más
lo que deseo saber,
que es raro tu nuevo modo.
Don Andrés	Pues pregúntame, que a todo
te quiero satisfacer.
Mojicón	Cuanto a lo primero es
lo que quiero preguntar,
¿por qué has de galantear
a cuantas mujeres ves?
¿Para qué pretende errada
tu llama desvanecida
desde la más conocida
hasta la menos ajada?
Tú por tema peregrina,
que no puede ser pasión,

de las damas del balcón
eres el galán de esquina;
cuando huye de ti tirana
dama con desdén bizarro,
la enamoras de catarro
tosiéndole a la ventana,
y enhebra tu idolatría
tal suspiro por despojo,
que le metes por el ojo
de cualquiera celosía;
dama que en terrado viva
de ti no se ha de escapar,
porque la has de enamorar
también de tejas arriba;
y para que tu pasión
se conozca en su porfía,
haces la figutería
de tentarte el corazón;
deste estado a otro más bajo
mil veces te vengo a ver,
porque sueles descender
desde el moño al estropajo.
Y, en fin, tan mal te aconsejas
de tu tema satisfecho,
que haces lo que nadie ha hecho,
que es enamorar a viejas.
De noche, yo he de decillo,
de celos libre y desdén,
vas a repasar también
las damas del baratillo;
las niñas y viejas, loco
procuras, según te escucho,
unas porque saben mucho,
y otras porque saben poco;

                        tanto a todas te provocas
                        que te he visto muy severo
                        enamorar a un toquero
                        solo porque traía tocas;
                        y así yo soy de opinión,
                        viendo tu perpetuo arrobo,
                        que eres grandísimo bobo
                        o muy grande socarrón.

Don Andrés   Mira, Mojicón.

Mojicón   Señor.

Don Andrés   Yo, aunque ves que peno y muero,
                        a todas pienso que quiero
                        y a ninguna tengo amor;
                        cuando a una y otra mujer
                        doy una alma en sacrificio,
                        es que tengo este mal vicio
                        de enamorar sin querer;
                        cuando finge mi rigor
                        celos con justos desvelos,
                        no me han pasado los celos
                        por la puerta del amor;
                        y pues de mi saber quieres
                        cómo a todas se enamora,
                        oye esta cartilla agora
                        para todas las mujeres.
                        Llamo a la hermosa deidad,
                        y digo con gran mesura
                        que no alabo su hermosura
                        sino aquella honestidad;
                        cuando en otras ocasiones
                        rendirá a una fea intento,

digo que su entendimiento
rendirá los corazones;
cuando a una vieja a hablar llego,
que esta es la mayor pensión,
la digo muy socarrón
que cautiva aquel sosiego;
cuando con tranquilidad
llego de una gorda al puerto,
la aseguro que soy muerto
por damas de gravedad;
si a una flaca llego a ver,
la digo muy admirado,
fingiéndome enamorado,
¡qué espíritu de mujer!
Fingiendo amorosa llama
si una puerca se me ofrece,
la digo: ¡Qué bien parece
el descuido en una dama!
A las que van por la calle
les dice mi desvarío,
a la pequeña: ¡qué brío!
a la Giralda: ¡qué talle!
Y fingiendo que me muero,
engañando aquí y allí,
unas me quieren a mí
y otras piensan que las quiero;
y así sin queja y desdén,
muy señor de mi albedrío,
de las que me aman, me río,
y de las que no, también.

Mojicón   Tú has tomado un ejercicio
en que no te has de perder,
alégrome de saber

que enamorabas de vicio;
mas sabe que me consumo
que tan poco amor te cueste,
aunque mejor vicio es este
que tomar tabaco en humo;
mas dime, Señor, agora,
pues lo puedo preguntar,
di, ¿por qué has de enamorar
a mujer que otro enamora?
Si hay otro que ame primero
que tú a otra dama, al instante,
si él es religioso amante,
tú su hermano compañero;
sácame de esta duda,
de aquel que está enamorado.
¿Qué demonio te ha tentado
a ser su amante de ayuda?
¿De una vez no me dirás,
pues tú no te satisfaces
de su dama, por qué lo haces?

Don Andrés Por darle celos no más;
¿Hay cosa que mejor sea,
ni la puede haber mejor
como ver mudar color
a un amante de jalea?
¿Hay gusto como saber,
cuando yo empiezo a fingir
que él por mi la ha de reñir
y ella ha de satisfacer?
Y así tú te desengaña
sin que te venza el temor,
que ya que haya mal amor
ha de haber linda cizaña.

Mojicón	¿Y si hallas en tus desvelos, cuando en estas cosas das, uno que supiese más de estocadas que de celos, y cuando a fingir empieza tu amor con muy linda maña, a cuenta de la cizaña te rompiese la cabeza?
Don Andrés	Dos cosas hay olvidadas, que son, si saberlas quieres, el reñir por las mujeres y las calzas atacadas; que están ya, por vida mía todos con muy lindo seso; Allá en tiempo de don Bueso era cuando se reñía; que el que con feliz estrella logrará su dama intente, con ella ha de ser valiente, mas no ha de reñir por ella.

(Llaman.)

Mojicón	El diablo te entenderá, ¿han llamado?
Don Andrés	Sí.
Mojicón	¿Quién es?
Don García (Dentro.)	¿Está en casa don Andrés de Alvarado?

Mojicón	En casa está: entre quien es.
Don Andrés	Ya se ha entrado. ¿Qué es lo que queréis mandar?

(Sale don García.)

Don García	A solas os quiero hablar.
Don Andrés	Seguro es este criado.
Don García	Que es caso de honra advertid y a determinarle vengo.
Don Andrés	Yo sé el criado que tengo.
Don García	Pues escuchad.
Don Andrés	Pues decid.
Don García	Yo me llamo don García de Torrellas, con mi nombre de mi fama y de mi sangre digo las obligaciones. Nací en mi casa el segundo, tan bien quisto de lo noble, que con decir que lo soy conoceréis que soy pobre; sea en las justas de amor, o en la palestra de Jove, si no es segundo mi ingenio, es el primero mi estoque;

y si asta acerada esgrimo,
postro a la fiera bicorne,
alimentos que da el cielo
siempre a los hijos menores.
Tres lustros gozaba apenas,
cuando el Dios por ciego torpe
en el papel de mis años
quiso imprimir sus arpones.
Junto a mi casa, ¡ay de mí!
vivía una dama, ¡oh, logren
esta voz la lengua y labio
la queja y la voz conformes!
Tan hermosa, pero aquí
sobran las ponderaciones,
que siempre es mayor belleza
la que un infeliz escoge;
supo mi amor de mis ojos,
que no hay tan honestas voces
como aquellas que el recato
a la pasión interpone.
Y, al fin, como es elocuente
de amor el llanto, entendióme,
dando a mis atrevimientos
indignados suspensiones;
disculpéme en su hermosura,
y viendo su enojo entonces,
de la más airada Venus
fui el más recatado Adonis;
mas no pudiendo aguardar
de sus iras el desorden,
si obediente a sus decretos
obstinado a mis ardores,
a irritar volví su llama,
hasta que mi afecto indócil

lo que en lágrimas no pudo
quiso conseguir en voces;
díjela, en fin, mis cuidados,
porque no es razón que ahorre
miserable de mi voz
decentes adulaciones;
solicitada a mi queja
y persuadida, creyóme,
porque es muy de la hermosura
dar crédito a las pasiones.
Pedí a su padre a Leonor,
que este es de mi dama el nombre;
pero como son molestos
los agasajos de un pobre,
desatento a mis verdades
y airado a mis persuasiones,
si antes de Leonor descuida,
desde hoy a mi dueño esconde;
y viéndome fluctuar
por el mar de mis dolores,
y en el golfo de mi llanto
perdido el imán y norte,
y viendo que ya el aurora
con perezosos ardores
de su Sol erró el aviso
y de sus luces el orden,
errado y ciego llamé
a mi sufrimiento a voces,
y al puerto de mi silencio
todas mis iras se acogen;
y como solo un tabique
de nuestras dos casas pone
estorbos a nuestro amor,
amor que imposibles rompe,

por la frágil quebradura
de una pared, permitióme
tal vez su voz a mi oído
tal mi llanto a sus temores;
desta manera ha seis años
que roca a mi queja inmóvil,
de mi desengaño mismo
estoy sufriendo los golpes,
y como por el resquicio
desta pared me dispone,
o su voz, o mi desdicha,
mal declarados favores,
sufro amante, espero firme
a que enlace o que eslabone
artífice el Himeneo
yugos de dos corazones:
ya labrado en sus finezas,
purificado en sus soles
el diamante de mi fe
se mira lucir al tope;
y cuando no hay en Valencia
quien este amor no pregone
con retórico silencio
cuando no con mudas voces,
vos solo desentendido,
o mal advertido joven,
Argos hecho de su calle,
sois lince de sus balcones,
desde que luciente el alba
en nuestro oscuro horizonte
sumiller de plata al Sol
la rubia cortina corre,
hasta que para enmendar
lo que ha borrado la noche,

de luces prestadas borda
montes la diosa triforme.
De su balcón y su puerta
sois estatua tan inmóvil
que ni la luz os extraña
ni la sombra os desconoce;
si va a divertir pesares
Leonor, como el Sol, en cocke,
sois la sombra de su luz,
y si a corregir las flores,
la escuela de algún jardín
Leonor primavera escoge,
vos, con vuestra flor de amante,
miráis sus ojos por norte;
si a Leonor miro de lejos,
me usurpáis mis atenciones;
si al templo voy a rezar,
repasáis mis estaciones;
si al campo voy a la caza
a divertir mis dolores
buscando a mi Dulcinea,
os hallo en él, don Quijote;
no llego a corro en la plaza
donde luego no me topen
vuestros deseos por ver
si hablo de Leonor entonces;
no hay acción que no os incite:
si toser quiero, acabóse,
pensando que es seña al punto
toséis con catarro doble;
tanto, que de llano un día
con la daga me di un golpe
por ver si el diablo os tentaba
a daros otro de corte.

Pues perdóneme mi dama
y el recato me perdone,
que si por su casa y calle
movéis los pasos veloces,
y si por cuidado o yerro,
que en vos todos son errores,
donde yo pongo sus plantas
ponéis imaginaciones;
y si viéndome parado
no camináis por entonces,
y si cuando galanteo
no os vais de la parte donde
hayan puesto mis deseos
modestas inclinaciones,
voto a Dios, que a cuchilladas
tan justa venganza cobre...;
mas ya todo mi amor dije;
mi enojo ya se conoce;
Leonor estima mis penas,
yo idolatro sus dos soles,
reprimirme es imposible,
yo soy amante y soy noble;
vos sabéis que a Leonor quiero,
y veis mis obligaciones;
sufriros fuera desaire,
no avisaros yo desorden;
pues reprimid, pese a vos,
o enmendad vuestras pasiones,
haciendo siempre al revés
cuanto haga al derecho, porque
vengaré mañana en iras
lo que hoy aviso en razones.

(Vase.)

Don Andrés	Pues si así se satisface
vuestra injuria, oíd mi amor.

(Va tras él don Andrés y detiénele Mojicón.)

Mojicón	No vayas tras él, Señor,
que eso es hacer lo que él hace.
Don Andrés	Déjame ver, Mojicón,
castigada su osadía.
Mojicón	Detente, por vida mía,
mira, no tienes razón:
«Dos cosas hay olvidadas,
que son, si saberlas quieres,
el reñir por las mujeres
y las calzas atacadas.»
Don Andrés	Dices bien, que ya me acuerdo
de lo que te dije aquí.
Mojicón	Pues si eso es, Señor, así,
pórtate prudente y cuerdo.
Don Andrés	Otra cosa habla pensado
que mayor riesgo tenía,
y a fe que el tal don García
me dio un poco de cuidado.
Mojicón	Pues ¿qué cuidado, Señor,
a más recelo te llama
que galantear su dama
y entrarte a buscar?

Don Andrés	Mayor.
Mojicón	No puede ser: no lo creo.
Don Andrés	Pues esas dudas allana.
Mojicón	¿Qué es?
Don Andrés	Que éste tiene una hermana, y también la galanteo.
Mojicón	¡Ya escampa! ¿Y no has de dejar a su dama?
Don Andrés	No podré.
Mojicón	¿Y no me dirás por qué?
Don Andrés	Porque en llegando a pensar que hay otro amante que intente que apague a ardiente mi ardor, no hay salsa para mi amor como el mismo inconveniente; y aunque olvidarla quisiera, que no he de poder infiero, porque solamente quiero donde quieren que no quiera.
Mojicón	Mira, por Dios, que barrunto que cuanto mudable aquí enamoras de por si vendrás a pagar por junto.

Don Andrés	Desde hoy a Leonor adoro, y obre el acierto después.
(Sale don Félix.)	
Don Félix	¡Ha desta casa!
Don Andrés	¿Quién es? ¿Quién se ha entrado aquí?
Mojicón	Otro moro.
Don Félix	Don Andrés.
Don Andrés	Señor don Félix, en hora dichosa venga a honrar esta casa suya; ¿Qué mandáis?
Don Félix	Solo quisiera que echéis de aquí este criado.
Mojicón (Aparte.)	(Oigan el diablo la tema que tienen todos conmigo.)
Don Andrés	Seguro es.
Don Félix	Aunque lo sea.
Don Andrés	Pues vete.
Don Félix	Toma esta silla.
Don Andrés	Empezad.

Mojicón (Aparte.)　　(Esta es pendencia
　　　　　　　　　un poco más sosegada.)

Don Félix　　¿No os vais?

Don Andrés　　　　Acaba, ¿qué esperas?

(Vase al paño.)

Mojicón　　¡Hay tal viejo! Yo me voy
　　　　　a escuchar aunque no quiera.

Don Félix　　¿Conocéisme?

Don Andrés　　　　Ya os conozco.
　　　　　　Don Félix sois de Cabrera.

Don Félix　　Es mi sangre...

Don Andrés　　　　Vuestra sangre
　　　　　　se iguala a vuestra nobleza.

Don Félix　　Mi hacienda...

Don Andrés　　　　También la sé:
　　　　　　dos mil ducados de renta.

Don Félix　　¿Sabéis que tengo una hija?

Don Andrés　　Sé también que su belleza
　　　　　　es norte a los corazones
　　　　　　que en el mar de amor navegan.

Don Félix	Su virtud...
Don Andrés	Es conocida.
Don Félix	Su discreción...
Don Andrés	¿Quién la niega?
Don Félix	Pues supuesto que sabéis

de mi sangre, de mi hacienda,
de mi hija y su hermosura,
de su recato y prudencia,
a una merced que os suplico
me dad prudente respuesta:
don Andrés, si sois prudente,
y sabéis con experiencias
cuán escrupulosa es
de un noble honor la conciencia,
aconsejad mi cuidado;
me arrojo desta manera
porque errores del silencio
se han de enmendar con la lengua;
digo, pues, que vos amante,
o amor obstinado sea,
o sea fácil deseo
que el enojo fragua en temas,
habrá seis meses que espía
de mi casa y de mis rejas
andáis mirando por dónde
se puede entrar esta fuerza;
mas yo que de mi honor soy
vigilante centinela,
sintiéndoos por enemigo,
toqué al arma de mis penas;

señor don Andrés, el alba
asoma apenas risueña
cuando os averigua Clicie
del Sol de mi amada prenda,
cuando Argos de mis balcones
con atención desatenta
sacrílego profanáis
el templo de mi nobleza;
ya vuestros intentos son
conocidos en Valencia;
vos de las murmuraciones
sois indicente materia,
y mi honra fluctuando
en el mar de tantas lenguas,
cuando allí próspera corre,
allí dudosa tropieza;
el recato de Leonor
todos a una voz confiesan;
pero también puede haber
alguno que no lo crea.
Señor don Andrés, yo tengo
muchos años y experiencia,
y no acabo de entenderos
aunque examinaros quiera;
vos no miráis a mi hija
para dama, es cosa cierta,
porque sabéis su virtud
y no ignoráis mi nobleza;
vos para propia mujer
tampoco, que si eso fuera,
quien sabe por fuerza amarla
me la pidiera por fuerza;
pues en mi casa no hay
después de Leonor quien sea

pretensión de vuestro amor,
si no es que a mi me pretenda.
Don Andrés, hablemos claro,
por rica, noble y discreta,
tengo tratado casar
por cartas en Orihuela,
con un hidalgo a Leonor,
de tan conocidas prendas
que él la merece, si hay
alguno que la merezca;
espérole cada día,
y así quiero antes que venga,
pues vos queréis a mi hija,
pagaros yo esta fineza;
y si por saber acaso
esta mi intención secreta
para pedirme a Leonor
no se atrevió vuestra lengua,
pues sois rico y principal,
sea esta la vez primera
que pide el honor partidos
al mismo que los desea.
Casada tuve a Leonor,
mas viene a ser conveniencia
romper por una palabra
porque un honor no se pierda;
y hoy, lo que ninguno ha hecho,
mi honor y mi fama os ruegan
con Leonor, por sanear
de una vez tantas sospechas:
descífrese ya esta enigma
tan difícil, aunque cierta,
que con entenderla todos,
no hay ninguno que la entienda;

favorable el Himeneo
en suaves brazos prenda
dos corazones que une
y dos almas que concierta.
Ea, ¿qué me respondéis?
¿Qué os embaraza, qué os hiela?
¿Tan retórico el deseo
y vuestra voz tan suspensa?
¿Qué respondéis, don Andrés?
Ea, decid.

Don Andrés   Que me pesa
de haber tenido con vos
tan imprudente paciencia.

(Levántanse de las sillas.)

Don Félix   Pues decid, ¿qué ofensa os hago
que me habláis desa manera?

Don Andrés   Si me venís a casar
¿puede haber mayor ofensa?
Debiera desafiaros
si vuestra edad menos fuera,
o a los cantones de Italia,
o al neutral país de Lieja.

Don Félix   Pues advertid...

Don Andrés   ¿Qué decís?

Don Félix   Que si otra vez desatenta
o indócil vuestra pasión...

Don Andrés	Todo aquello que no sea que me caséis, sufriré.
Don Félix	Si solicitáis mis puertas, si por mi calle pasáis...
Don Andrés	¿Oís? De aquesa manera le amenazaban a Zaide en el libro de las guerras.
Don Félix	Este es desprecio.
Don Andrés	Es valor.
Don Félix	Pues don García Torrellas es tan bueno como vos, y esto nadie...
Don Andrés	¿Quién lo niega?
Don Félix	Pues no le he dado a Leonor, aunque amante sufre y ruega y aunque la pide, y a vos os la doy...
Don Andrés	Esa fineza agradezca don García, pues tiene tan buena estrella que no la queréis casar aunque casarse pretenda, y yo soy tan desgraciado con vos en esa materia, que a mí sin que yo os la pida me queréis casar con ella.

Don Félix	En fin, ¿no admitís mi ruego?
Don Andrés	Tengo el alma muy soltera.
Don Félix	Pues de hoy más si procuráis...
Don Andrés	Vuestras iras ¿qué aprovechan? No me caséis, y matadme.
Don Félix	¡Hay tal desprecio!
Don Andrés	¡Hay tal tema!
Don Félix	Yo cumplí mi obligación de mi honor en mi promesa.
Don Andrés	Yo cumplo con no admitirla la de mi naturaleza.
Don Félix	Pues dadme agora palabra...
Don Andrés	No tengo palabras hechas.
Don Félix	De no querer a Leonor.
Don Andrés	De buena gana os la diera; mas ¿qué sé yo si podré aunque quiera no quererla?
Don Félix	Pues admitid mi deseo si la queréis.
Don Andrés	Eso fuera

	no quererme bien a mí.
Don Félix	A resolución tan nueva hay acero y hay valor.
Don Andrés	Esto no ha de ser pendencia.
Don Félix	Sí, porque ha de ser venganza.
Don Andrés	Lo que vos quisiereis sea.
Don Félix	Pues yo casaré a Leonor.
Don Andrés	Casalda.
Don Félix (Aparte.)	(Porque merezcan escarmiento estos intentos; y supuesto que no venga don Félix, que ya le espero, de aquestas cenizas muertas llamas han de renacer mas airadas y sangrientas, que el valor no tiene canas aunque el semblante las tenga.)
(Vase.)	
Mojicón	El viejo va despachado; mas lindo despacho lleva.
Don Andrés	¿Mojicón?
Mojicón	Señor.

Don Andrés	Casarme quería.
Mojicón	Buena la hicieras.
Don Andrés	¿Escuchaste?
Mojicón	Soy criado; ¿Mas dime agora qué intentas? ¿Piensas proseguir?
Don Andrés	Sí pienso.
Mojicón	Los estorbos son pimienta del amor.
Don Andrés	No dices mal.
Mojicón	En mi vida quise hembra que me costase barata; cuando dos almas se estrechan y en lo mejor de los lazos hay una madre a quien teman: «Guarda no oiga la vecina, guarda mi hermano no venga, ay si vendrá mi marido», y deudos desta ralea. Este sí es amor que pica; pero cuando hay desvergüenza, —¿Quién es? —tu tía, —no importa; tu hermano, —este se halla fuera; tu madre, —no entrará acá; tu vecino, —que me vea; tu marido, —que ya salgo;

| | este es amor con llaneza,
y así no daré por él
ni dos higos ni dos brevas. |
|---|---|
| Don Andrés | Siempre los inconvenientes,
como es ave amor, le celan;
y tanto es esto verdad
que como hoy me han hecho fuerza
don Félix y don García
para que a Leonor no quiera;
aunque venga mal tocada
esta Leonor, he de verla,
he de hablarla, he de servirla,
y aún pienso que he de quererla.
Ea, vamos a su calle. |
| Mojicón | Pues, Señor, ojo a la reja
y manos a don García. |
| Don Andrés | Calla, necio, no le temas,
que cuando quiera reñir,
solo porque no se pierda
la honra de la tal dama,
me ha de sufrir. |
| Mojicón | Esa cuenta
sin la huéspeda: su espada
hecha está, mas no bien hecha. |
Don Andrés	Ea, vamos.
Mojicón	Vamos, pues.
Don Andrés	A que don García vea...

Mojicón	¿Quién se ha entrado en esta casa?

(Sale don Juan Osorio vestido de camino.)

Don Juan	Quien con mil deseos llega a recompensar en lazos cuanto ha llorado en ausencias.
Don Andrés	Amigo don Juan Osorio, ¿qué es esto? ¿Vos en Valencia?
Don Juan	Sí, amigo.
Mojicón	Señor don Juan...
Don Juan	Mojicón, amigo.
Mojicón	Seas más bien llegado que el plazo de una paga cuando es cierta.
Don Andrés	¿De dónde venís?
Don Juan	De Flandes.
Don Andrés	Y ¿qué hay en Flandes de guerra?
Don Juan	Que entró el príncipe Tomás talando toda la tierra, que su Alteza fue a Cambray.
Don Andrés	Ya yo sé también que en ella dio calor o dio socorro

	a un tiempo a las dos fronteras.
Don Juan	El Rey de romanos baja, y aquesta campaña esperan que el ejército que estaba en la Alsacia a Flandes venga.
Don Andrés	¿Y después que yo me vine ha habido alguna interpresa?
Don Juan	Desde el Esquenque ninguna; y dejando esta materia para otro tiempo, sabed que en otra Flandes más nueva vengo a militar amante del amor en la bandera, y como soldado alisto mis sentidos y potencias en la mejor compañía que puede elegir la idea; aventajado soldado soy de una beldad tan bella, que fue el socorro y la paga permitirme que la quiera, sabed...
Don Andrés	Habladme más claro.
Don Juan	Pues porque mejor se entienda mi deseo...
Don Andrés	¿Cómo fue? Acabad.

Don Juan   Desta manera:
ya os acordáis cuando en Flandes
fue nuestra amistad estrecha
pienso que la más segura
después de ser la primera:
ya galanes en el circo,
valientes en la palestra,
fuimos envidia de Adonis
y fuimos de Marte afrenta.
Cuando sonoro el clarín
hirió el viento en diferencias,
puesto que tal vez irrita
y tal en las lides templa,
a embestir y a retirar
tal impulso nos gobierna,
que si nos manda la ira
nos atajó la obediencia,
sin reservar el trabajo
de la fajina y trinchea,
del artificial reducto,
de la espía y centinela;
al riesgo siempre dispuestos,
fuese sangre o fuese estrella
lo voluntario en los dos
pensábamos que era fuerza;
éramos comparación
de la amistad verdadera,
porque nunca la estrechó
ni interés ni conveniencia.
Supistes que vuestro padre
era muerto, y siendo fuerza
venir a España a tomar
posesión de vuestra hacienda,
pedistes licencia en Flandes

y conseguisteis licencia
a intercesiones y ruegos
del de Aytona y del de Lerma
(téngalos Dios en su gloria;
mas, vive Dios, que me pesa
que estén tan presto en el cielo
porque hacen falta en la tierra);
volvisteis, al fin, a España,
quedé sin vos en Bruselas
muy sin mí, porque erais vos
móvil desta inteligencia;
pasaron, en fin, tres años,
y habrá dos meses apenas
que mi padre me escribió
que hiciese las diligencias
posibles para venirme,
porque casado en Valencia
me tenía por conciertos
con una deidad tan bella
que enviándomela pintada
la idolatré verdadera;
pedí licencia con plazo,
dificultoso alcancéla,
tomé postas, dejé a Flandes,
dime en Dunquerque a la vela,
desembarqué en la Coruña,
llegué a Madrid, vi las fiestas
que al Rey de Roma triunfante
celebra el cuarto planeta;
y, en fin, habrá quince días
que sin que haya quién me vea,
en Valencia con recato
juez de mi causa mesma
examino las virtudes

de mi esposa, si hay en ella,
sea de sangre o de honor
defectos que el vulgo crea.
Por la sumaria de celos
hay testigo que confiesa
que hay aquí dos caballeros,
de igual calidad y prendas,
que ambos son de su Sol rayos
y ambos de sus luces señas;
solo el nombre sé del uno,
mas sé que los dos intentan
del fuego en lo insuperable
arder con nueva materia,
y en el descargo de honor
todos dicen que desprecia
la que espero por esposa
su constancia y su fineza;
los más dicen su virtud
y los menos su prudencia,
y es porque nunca el recelo
su voz permitió a la lengua;
su calidad es sabida,
es conocida su hacienda,
y su hermosura es tan grande
como mi amor, pues no pierda
por ser querida mi esposa;
defecto es de su belleza
y no de su inclinación
que haya quien la adore y quiera;
mejor es para mujer
por ser más segura y cuerda
la que resiste rogada
que la buena a quien no ruegan;
que si una no fue querida

y otra rogada desdeña,
esta no puede blandear
y puede torcer aquella;
y así tengo de querer
al alma de mis potencias,
al móvil de mi albedrío
y a la luz de mis tinieblas.
Vos habéis sido mi amigo
en la paz como en la guerra;
se anuden segunda vez
la fe y voluntad estrechas:
no os vengo a pedir consejo,
porque esta pasión secreta
si primero estuvo lince
agora se obstina ciega;
que me ayudéis como amigo
es lo que mi amor desea;
yo la he visto, obró el deseo;
yo la adoré, fue violencia;
busco el premio, soy amante;
para que a un tiempo merezca
deseo, amor y esperanza,
premio, lealtad y fineza.

Don Andrés   Amigo, yo he estado atento,
y vive Dios que me pesa
que se casen mis amigos;
mas si ello ha de ser por fuerza
y no podéis más con vos,
que yo bien sé que pudiera
no casar, más si queréis
que a ser vuestro amigo vuelva,
me haced gusto de enviudar
lo más presto que ser pueda.

	¿Y quién es esa señora?
Don Juan	Conmigo habéis de ir a verla, y luego sabréis quién es.
Don Andrés	¿Y no es posible que sepa quién son estos dos galanes que a esta dama galantean?
Don Juan	Es el uno... mas no quiero hablar en estas materias hasta que estemos muy solos; lo que me falta es que venga a servirme Mojicón, que tengo un criado fuera desde ayer.
Don Andrés	¿Qué, fue a llevar a vuestro padre la nueva de la venida?
Don Juan	Sí, amigo, está de aquí treinta leguas; y ha más de seis años ya que no le he visto.
Don Andrés	Pues ea, Mojicón, ve con don Juan.
Mojicón	Obedezco lo que ordenas.
Don Andrés	Ea, vamos a casarnos.
Don Juan	Dentro de casa me espera,

	en tanto que Mojicón avisa a su padre.
Don Andrés	Ea, aquí os espero.
Don Juan	Pues luego voy a buscaros la vuelta.
Don Andrés	En fin, ¿que os queréis casar?
Don Juan	Es influjo de mi estrella.
Don Andrés	Muy linda estrella tenéis.
Don Juan	Yo no la escogí.
Mojicón	¿Qué esperas? Ea, vamos a nupciarnos.
Don Juan	Deja siempre aquella tema de no querer a ninguna.
Don Andrés	A una adoro.
Don Juan	¡Cosa nueva! ¿Por qué?
Don Andrés	Porque me han pedido por fuerza que no la quiera.
Don Juan	Ese es apetito solo.
Don Andrés	Y es también naturaleza.

Don Juan	Luego me diréis quién es.
Don Andrés	Y vos, quién es vuestra prenda.
Don Juan	Amigo.
Don Andrés	Deso me precio.
Don Juan	Adiós.
Don Andrés	Adiós.
Mojicón	Bien se ordena.
Don Juan	Luego vuelvo.
Don Andrés	Yo os aguardo.
Don Juan	Quiera el cielo...
Don Andrés	El cielo quiera...
Don Juan	Que os vea yo enamorado.
Don Andrés	Que yo sin amor os vea.

(Vanse.)

(Salen doña Leonor, sin manto, y doña Juana con él, y Inés, criada, cerrando la puerta.)

Doña Leonor	Entra, acaba, doña Juana, ese hombre me tiene muerta;

	¿no has cerrado ya la puerta?
Inés	Sí.
Doña Leonor	Pues cierra esa ventana.
Inés	Ya la ventana he cerrado.
Doña Leonor	¡Que tenga yo esta pensión!
Doña Juana	¿No me dirás la ocasión que te obliga a este cuidado?
Doña Leonor	Repáralo todo, Inés.
Doña Juana	Di, ¿qué te inquieta, Leonor? Dime, ¿es amor?
Doña Leonor	No es amor, aborrecimiento es.
Inés	Nuestro tal don Andrés tarda, pero que vendrá imagina.
Doña Leonor	Amiga, junto a esa esquina tengo un amante de guarda que ha dado en que me ha de amar, yo en que le he de aborrecer; mis desdenes le hacen ser más firme, y hago cerrar, porque cuando le desdeña todo mi enojo, imagina que en vez de irse de la esquina responde con una seña,

	y cierto de aquesta suerte...
Doña Juana (Quítase el manto.)	Quitarme el manto querría, Pues mi hermano don García sabe que he venido a verte, y como te quiero tanto...
Doña Leonor	De tu amistad estoy cierta.
Inés	¿Para pasar una puerta de aquí a tu casa traes manto?
Doña Leonor	Quítasele, acaba.
Doña Juana	Ten.
Inés	Tarde pienso que te irás.
Doña Leonor	Parece que triste estás.
Doña Juana	Y tú estás triste también.
Doña Leonor	Pues declara tu dolor.
Doña Juana	Tus sentimientos humana.
Doña Leonor	Dime tu mal, doña Juana.
Doña Juana	Dime tu pena, Leonor.
Doña Leonor	Yo vivo sin albedrío.
Doña Juana	Y mi daño es inmortal.

Doña Leonor	Mi padre causa mi mal.
Doña Juana	Y mi hermano causa el mío.
Doña Leonor	Mi anciano padre indignado me castigó con crueldad, pues contra mi voluntad me pretende dar estado.
Doña Juana	A todo tu mal es llano que igual mi mal viene a ser, pues no me deja querer a quien me adora mi hermano.
Doña Leonor	Luego mayor es mi mal.
Doña Juana	Luego más es mi dolor.
Doña Leonor	Dile, veamos si es mayor.
Doña Juana	Dile, veamos si es igual.
Doña Leonor	Pues para esta pena mía toda tu atención prevén, sabe que yo quiero bien a tu hermano don García.
Doña Juana	Igual esta llama es al incendio en que yo muero, que yo quiero a un caballero que se llama don Andrés.
Doña Leonor	¿De Alvarado?

Doña Juana   Amiga, sí.

Doña Leonor   Que estás engañada infiere,
que ese caballero quiere...

Doña Juana   ¿A quién quiere? Dilo.

Doña Leonor   A mí.

Doña Juana   No dese triunfo blasones,
a mi me ama don Andrés.

Doña Leonor   Ese caballero es
por quien cierro los balcones.

Doña Juana   No el curso a mi voz impidas
cuando a esta ignorancia pasas,
que como están nuestras casas
tan juntas y tan unidas,
presume tu desvarío,
que no tu imaginación,
que enamora tu balcón
y es que está mirando el mío.

Doña Leonor   ¿Y cuando se llega aquí
y por fuerza quiere hablar?

Doña Juana   Eso es por disimular
que me está queriendo a mí.

Doña Leonor   ¿Eso cómo puede ser,
porque cómo ha de haber, di,
hombre que me quiera a mí
a la luz de otra mujer?

Doña Juana	Ni conmigo habrá en rigor hombre si lo has de advertir, que aunque empezase a fingir no me cobre luego amor.
Doña Leonor	Pues que a mí me quiere infiero.
Doña Juana	Yo digo que me enamora.
Doña Leonor	¿Mas para qué quiero agora que me quiera quien no quiero?
Doña Juana	Dices bien, déjame a mí el galán que estimo y precio.
Doña Leonor	Como no sea en mi desprecio yo lo dejo.
Doña Juana	Al caso.
Doña Leonor	Di.
Doña Juana	Mi hermano, airado y cruel, viéndole galantear, digo que ha dado en tomar tan grande temor con él que con indignos recelos hoy salió a darle a entender...
Doña Leonor	¿Ves cómo se echa de ver que esos que tienes son celos?
Doña Juana	Que son de mi honor infiere.

Doña Leonor	Ya es cansada esta porfía pues los tiene don García de ver que esotro me quiere.
Doña Juana	Dime si mi hermano es en quien pusiste tu amor, ¿qué te importará Leonor, que me quiera don Andrés?
Doña Leonor	Querer a tu hermano intento.
Doña Juana	Pues ¿por qué te has indignado?
Doña Leonor	¿Pues para qué me has contado que me ama de cumplimiento?
Doña Juana	Pues tu enojo se mitigue, ya digo por tu decoro que yo soy la que le adoro.
Doña Leonor	Ahora dices bien, prosigue.
Doña Juana	Prosigue tú, que no estoy para esperar tu porfía.
Doña Leonor	Digo, pues, amiga mía que tan infelice soy... mas no sé cómo lo digo que mi padre ¡pena fiera! que llegue a Valencia espera por instantes mi enemigo; este repetido ardor que logre tu hermano espero,

                        mas como ha de ser primero
                        mi obediencia que mi amor,
                        temo que...

(Sale Inés deteniendo a don García.)

Inés   Tente, Señor.

Don García   Deja entrar.

Inés   Es un delirio:
                        mira mejor.

Don García   Estoy ciego.

Inés   Considera.

Don García   Estoy perdido.

Doña Leonor   ¿Quién es?

Don García   Quien a vuestro cielo
                        aún más que amante rendido
                        sin ceremonias dedica
                        toda un alma en sacrificio;
                        el que a ver su vida y muerte
                        quiere parecer más fino,
                        que el morir de aquel dolor
                        en vivir de aqueste alivio;
                        una mariposa es,
                        que por suerte o por instinto
                        viene a recobrar tu llama
                        parasismo a parasismo.
                        El que quiere descontar

                con ver tu rostro divino,
                entes de razón que al alma
                como verdaderos finjo.

Doña Leonor   Tened, señor don García,
                decidme, ¿quién os ha dicho,
                decid, que ser arriesgado
                es lo mismo que ser fino?
                Inés, cuida desas puertas.
                ¿Qué violencia o qué destino
                os embaraza arrojado
                y os precipita remiso?
                Dentro en mi casa os entráis,
                anteponiendo atrevido
                todo un deseo tan vuestro
                a todo un honor tan mío;
                en el contrato de amor
                sabed que es mal parecido
                con máscara de fineza
                querer venderme un delito;
                yo os quiero a vos algo más
                de lo que me amáis, y os pido
                que más mío recatéis
                cuanto más vuestra reprimo,
                ese no poder sufrir
                dejad para el apetito,
                que no es amante el amante
                que no sabe ser sufrido;
                moderad...

(Sale Inés.)

Inés   ¿Señora?

Doña Leonor	¿Inés?
	¿Qué quieres?
Inés	Buena la hicimos; tu padre...
Doña Leonor	¿Le ha visto entrar?
Inés	No lo sé, pero te aviso.
Doña Leonor	No se ha de esconder.
Doña Juana	¿Por qué?
Doña Leonor	Porque vengo hacer delito de mi inocencia segura.
Doña Juana	Recatarlo solicito.
Doña Leonor	Ábrele y entre.
Inés	Yo voy.
Doña Juana	Advierte que...
Don García	Estoy perdido.
Doña Juana	Viéndole aquí...
Doña Leonor	¿No es mejor, porque si acaso entrar le ha visto que le halle cortés amante, que no galán escondido?

Doña Juana   Mira que tiene recelo.

(Sale don Félix.)

Don Félix   Albricias, hija, te pido,
                  de que el Señor don García...
                  ¿Qué de indicios averiguo?
                  ¿Vos en mi casa? ¿Qué es esto?

Don García   En este instante he venido
                  por mi hermana.

Don Félix   Está muy bien;
                  pero agora no habéis de iros,
                  que sin que salgáis de aquí
                  habéis de ver que he cumplido
                  con mi honor.

Don García   ¿De qué manera?

Don Félix   Como en este instante mismo
                  he de casar a Leonor.

Don García   ¿Qué decís?

Don Félix   Esto que digo;
                  con esto la dejaréis.

Don García (Aparte.) (¿Hay dicha igual? Él ha visto
                  mi amor y su obligación,
                  y por sanar los indicios,
                  de haber entrado en su casa
                  quiere casarla conmigo.)

54

Doña Leonor (Aparte.)	(Pues en el mar de mi llanto surquen mis ojos tranquilos, pues me ha dado por esposo al que por amante elijo.) Agradecida, Señor...
Don García	Humilde y agradecido...
Don Félix	No me agradezcáis los dos lo que hago por mí mismo.
Doña Leonor	¡Hay tal dicha!
Don García	¡Hay tal contento!
Doña Leonor	Feliz soy.
Don García	Dichoso he sido.
(Sale Mojicón.)	
Mojicón	Don Juan Osorio, el que viene a ser indigno marido de doña Leonor, vuestra hija, licencia viene a pediros para tomar posesión de su mujer.
Don Félix	Ya le he dicho que suba.
Doña Leonor	¡Cielos, qué es esto!

Don García	¡Qué es esto, cielos; qué he oído!
Doña Leonor	Luego yo...
Don Félix	Ya estás casada.
Don García	Luego yo no he merecido...
Don Félix	¿Ya no os he desengañado?
Doña Leonor	Adviértele que yo digo...
Don Félix	No me repliquéis ahora; pues ¿cómo tú?
Doña Leonor	No replico.
Inés	El novio.
Doña Leonor	¡Infeliz estrella! ¡Muerta estoy!
Don García	¡Estatua vivo!

(Sale don Juan y don Andrés.)

Don Andrés (Aparte.)	Llegad, don Juan, ya que habéis hablado a su padre. (Altivos pensamientos de mi infamia, dejadme vivir conmigo.)
Don Juan	A vuestra grande hermosura, a vuestros ojos divinos, que de los yerros de amor

          son imanes atractivos,
          por milagro o por deidad
          un amor os sacrifico,
          si con audacias de joven
          con los temores de niño.
          Hermosísima Leonor,
          objeto no merecido,
          para pintado imposible
          y posible para visto,
          hoy llego...

Doña Leonor   Tened, Señor,
          ¿para qué son los suspiros,
(Aparte.)   que quiero... (No sé fingir.)

(Díceselo a don Andrés.)

Don Félix   Decidme, ¿a qué habéis venido
          a mi casa, caballero?
          ¿No sabéis que si me indigno,
          serán mi voz y mis ojos
          para daros el castigo
          si ella incapaz, rayo ellos,
          inmortales basiliscos?
          ¿Quién os ha traído agora
          a intentar...

Don Juan   Yo le he traído.

Don Félix   Pues advertid...

Don Juan   ¿Qué decís?

Don Félix   Que don Andrés...

Don Juan	Es mi amigo.
Don Félix	Ha intentado...
Don Juan	Acompañarme.
Don Félix	Solicitar atrevido...
Don Juan	Que no me case, es verdad.
Don Félix	¿Por qué?
Don Juan	Ya sé sus designios; porque le parece mal que se casen sus amigos.
Don Félix	Pues no ha de estar en mi casa hasta que...
Don Juan	Acabad, decidlo.
Don Félix	Hasta que estéis desposado.
Don Juan	Obedeceros elijo.
Don Félix	¿De qué suerte?
Don Juan	Esta es mi mano.
Don Andrés	No os caséis: parad, amigo, no me echéis a mi la culpa de lo que hacéis por vos mismo.

Don Juan	Yo a Leonor estimo y quiero.
Doña Leonor	¡Hay tal pena!
Don García	¡Hay tal martirio!
Don Juan	Permitidme vuestra mano.
Don Félix	Acabad.
Doña Leonor	¡Cielos divinos! Pues que siempre tan airados, sed sola esta vez propicios.
Don Andrés (Aparte.)	(¡Que se viniese a casar con la dama a quien yo sirvo. Ignorante de mi amor, el mayor amigo mío!)
Don Juan	Ea, ¿no me dais la mano?
Doña Leonor (Aparte.)	(Enigma de nieve asisto.) Esta es mi mano, señor Don García; mas ¿qué he dicho?

(Turbada y volviendo la cara a don García.)

Don García	¿Me llamáis?

(Llégase.)

Doña Leonor	No hablo con vos.

Don Juan (Aparte.)   (¡Viven los cielos divinos!
                     Que es este aquel caballero
                     de quien supe por indicios
                     que a Leonor pretende amante;
                     disimular es preciso.)

Don García (Aparte.) (¡Que el corazón se pasase
                      a mi lengua!)

Don Juan (Aparte.)   (¡Que haya oído
                     equivocado aquel nombre
                     con mi nombre!)

Don García (Aparte.)   (¡Que haya visto
                     agora en poder ajeno
                     el dueño que fue tan mío!)

Don Andrés
(Aparte.)   (¡Que haya tres inconvenientes
                     que aviven mi incendio tibio!)

Don Félix (Aparte.) (¡Que pronunciase Leonor
                     el nombre de mi enemigo!)

Don Juan (Aparte.)   (¡Que aqueste es el don García
                     que amante la ha pretendido!)

Doña Leonor
(Aparte.)   ¡Que inadvertido mi padre
                     me forzase mi albedrío!

Don García (Aparte.) Pues apagase esta llama
                     que es indigno precipicio

	querer mujer a quien logran otros abrazos más dignos.
Don Andrés (Aparte.)	(Pues arda eficaz mi incendio si cuanto más le resisto, el mismo querer vencerle es aumentarle más vivo.)
Doña Juana (Aparte.)	(Pues corríjase mi pena a colegir por indicios, que es para Leonor su amor, pues es para mí su olvido.)
Don García (Aparte.)	(De hoy más no la he de querer.)
Don Andrés (Aparte.)	(De hoy más amarla imagino.)
Don Juan (Aparte.)	(Disimular es forzoso.)
Doña Leonor (Aparte.)	(Templar mi llanto es preciso.)
Don Félix	Vamos, Leonor.
Doña Leonor	Señor, vamos.
Don Félix	Venid, don Juan.
Don Juan (Aparte.)	(Muerto vivo.)
Don García	Ven, hermana.

Doña Juana
(Aparte.) (¡Qué de penas!)

Mojicón Inés, esto que te digo.

Doña Juana Adiós, Leonor.

Doña Leonor Él te guarde.

Don Andrés Pues adiós, don Juan.

Don Juan Amigo, vámonos

Don Andrés ¿Qué hay de nuevo?

Don Juan Tengo mucho que deciros.

Don Andrés ¿Tan presto?

Don Juan El mal nunca tarda.

Don Andrés ¿No sabéis lo que imagino?

Don Juan ¿Qué?

Don Andrés Que aún no os habéis casado y ya estáis arrepentido.

Fin de la primera jornada

Jornada segunda

(Sale doña Leonor e Inés con una luz.)

Inés
¡Qué! ¿Tan presto estás vestida?
¿Qué es esto?

Doña Leonor
Ya ha amanecido;
mata esta luz; no he tenido
tan larga noche en mi vida.

Inés
Templa entre tantos cuidados
esas lágrimas amargas,
todas las noches son largas
para todos los casados.

Doña Leonor
¡Ay Inés! mi sentimiento
crece en mis ansias mayor,
porque pienso que mi amor
me usurpó mi entendimiento;
no sé de mí.

Inés
¿Pues qué ha sido?

Doña Leonor
No me hables, que estoy mortal.

Inés
¿No me contarás tu mal?
Dime lo que ha sucedido;
para templar los enojos
deste mal que te provoca,
llorándole por la boca
pronúnciale por los ojos.

Doña Leonor
Este no entendido agravio

	se hace en lágrimas veloz, ¿qué le faltara a mi voz si consintiera a mi labio?
Inés	Pues por consolar así tu mal, o para templarle, hazte fuerza en declararle.
Doña Leonor	Oye lo que pueda.
Inés	Di.
Doña Leonor	Ya sabes, Inés hermosa, esto es fuerza repetir, cómo quise a don García y cómo él me quiso a mí.
Inés	Y que por esa pared os trasladáis y decís las palabras una a una, los requiebros mil a mil.
Doña Leonor	Ya sabes que estoy casada.
Inés	Y anoche yo misma fui la que dentro dese cuarto encerró a don Juan y a ti.
Doña Leonor	Llegóse tierno mi esposo, porque me vio derretir de dos venas de mis ojos uno y otro Potosí; el lecho solicitaba y en aquel no le admití,

lo que era aborrecimiento
por recato le vendí;
probé a quitar los adornos,
cuando en batalla civil
mi esposo con su deseo
trabaron dudosa lid;
ayudábame mi esposo
a desnudar, pero allí
cuanto desnudó rogando,
volví temiendo a vestir;
fatigada al fin al ruego
di a mis resistencias fin,
que si es fuerza obedecer
es flaqueza resistir;
la penúltima cortina
corrió deste templo, y vi
que idólatra de mis ojos
se procuraba gentil;
llegué al lecho, ¡oh, no llegara!
¡Muriera primero allí,
pues fue para mí de espinas
el tálamo de jazmín!
Dio a mi pecho sus dos brazos,
y temí llegase a oír
lo que el corazón estaba
hablando dentro de sí;
y dije viéndome ya
a su violencia rendir,
¡Que no naciese yo hermosa
y fuese tan infeliz!
Y como suele el Enero
marchitar y deslucir
flores en tálamo verde
que afanó rojas Abril,

con amor así indignado,
con iras mi esposo así,
por esta flor de mi honor
Rompió el cerrado jardín;
ya en la campaña del lecho
con lágrimas advertí
que esta fuerza de diamantes
se averiguaba rubís,
cuando miro que don Juan,
no sé cómo lo sentí,
deste olmo solicitado
se desenlazaba vid;
volvióme el rostro indignado,
y púseme a discurrir
si en las luces de mi fama
ha puesto sospecha vil
o le parecí tan mal
como él me pareció a mí;
de vana, pues no de amante,
rogando llegué a fingir,
y para no errar mi voz
me fue el discurso adalid;
Esposo, le dije, mío,
¿cómo ingrato no admitís
en aras de vuestro amor
un corazón que os rendí?
Si a la obligación de esposo
quisiste solo acudir,
porque el examen del lecho
os pondere varonil,
no por daros un aplauso
me hagáis un baldón así,
que no evitáis lo grosero
con triunfar de lo gentil.

Calla, me dijo, Leonor,
que ya no pueden sufrir
mis oídos a tus quejas,
pues dado caso que en ti
haya afectos que declares,
también llego a presumir
que tus segundos intentos
me han de hacer menos feliz;
aquesta noche has pasado
con llanto, no tan sutil
que al acabar de correr
no le empezase a sentir;
ese tardo suspirar,
ese temprano gemir,
no nace de aqueste amor,
de alguna memoria sí.
Pues ¡viven los cielos! dijo,
aquí fue el desmayo, aquí,
aquí mis ojos murieron
de mi pecho en el cenit.
Aquí el clavel de mis labios
vuelto en cárdeno alelí,
recibió las dos corrientes
que de mis ojos vertí;
de mis dientes traspillados
rechinó el terso marfil,
y del ave corazón
las dos alas abatí;
y al ver, vuelta deste ensayo
a don Juan, probé a decir:
¡Quién se volviera al desmayo
por no hallarle junto a mí!
Volvió el rostro, volví el rostro,
él suspiró, yo temí,

                        llaméte a que me vistieses,
                        acabéme de vestir,
                        salí a esta cuadra en que estoy,
                        mis cuidados referí;
                        yo obedezco al dueño mío,
                        yo tengo amor, y es decir
                        que he de borrar de mi pecho
                        el carácter que imprimí;
                        dos fuerzas me pruebo a hacer,
                        y es difícil conseguir
                        aborrecer al que quiero
                        y amar al que aborrecí;
                        don García tiene amor
                        y celos don Juan, pues di,
                        si intentas templar mi pena,
                        el medio que he de elegir,
                        porque agradecida deba,
                        hallando el dichoso fin,
                        esta vez a tu consejo
                        aún más que me debo a mí.

Inés   Confieso que me ha pesado,
                        Señora, lo que te pasa;
                        mas desta primera casa
                        a la pared han llamado.

(Llamen.)

Doña Leonor   Saber agora querría
                        esa novedad qué ha sido.

Inés   Debe de haberte sentido
                        y llamado don García.

Doña Leonor	¡Pues cómo tan de mañana! ¿Qué causa le habrá obligado? Yo llego: ¿quién ha llamado a esta pared?
Doña Juana	Doña Juana.
Doña Leonor	Que tengas cuenta te pido no sea que se levante mi padre.

(Responden.)

Inés	Voy al instante.
Doña Leonor	Pues don Juan no se ha vestido, arda este pecho inmortal voz permita mi cuidado.
Doña Juana	¿Cómo esta noche has pasado con el nuevo amante?
Doña Leonor	Mal; y tú, dime, amiga mía, ¿para qué te has levantado tan presto?
Doña Juana	No se ha acostado esta noche don García; muy malo le hemos tenido.
Doña Leonor	¿Puedo la causa saber?
Doña Juana	Él te podrá responder.

Don García	Leonor, de qué te he perdido.
Doña Leonor	¿Aquí estabas?
Don García	Sí, Leonor; porque solo vengo aquí a despedirme de ti.
Doña Leonor	Pues qué, ¿se acabó tu amor?
Don García	Pues no puedo merecerle, porque nací desdichado, quiérate el que te ha gozado, que yo intento aborrecerle; acábese ya este afán.
Doña Leonor	Acábese ya este ardor.
Don García	Yo he de olvidar a Leonor.

(Vase.)

Doña Leonor	Yo he de querer a don Juan.

(Hace que se va doña Leonor y topa con don Juan a la puerta.)

Don Juan	Y yo debo agradecer a vuestra voz persuadido, ya que no me habéis querido que me procuréis querer.
Doña Leonor (Aparte.)	(¡Ay tan infeliz mujer!

                    Si a don García escuchó;
                    pero don Juan solo oyó,
                    solo esto pudo escuchar,
                    que le solicito amar;
                    mas que le aborrezco, no.)
                    Ya veréis mi fe, pues veo
                    que se trasladó veloz
                    a lo tibio de mi voz
                    lo ardiente de mi deseo.
                    Más triunfo, mayor trofeo
                    tendréis en este favor,
                    pues con repetido ardor,
                    torpe un sentido, otro atento,
                    leístes mi pensamiento
                    ya que no oístes mi amor.

Don Juan   Antes llego a ponderar
                    preciso vuestro desden,
                    que si me quisierais bien
                    no me desearais amar.
                    Una cosa es desear
                    querer, y es otra querer:
                    aborrecer viene a ser
                    desear amar y olvidar,
                    luego el deseo de amar
                    es señal de aborrecer.

Doña Leonor   ¿Cuál hubierais elegido
                    en mis ansias por mejor,
                    que olvide, deseando amor:
                    o que ame, deseando olvido?

Don Juan   Yo al amor he preferido
                    aunque aborrecer deseáis,

	pues si con firmeza amáis, que olvidéis no puede ser; y así, aunque deseáis querer, puede ser que no queráis.
Doña Leonor	Si; mas no es desden ingrato desear amar en rigor, porque nunca hierve amor si no pone fuego el trato; luego viene a ser recato aun en el mejor empleo, pues cuando por más trofeo a una discreta pasión no se pone la afición, basta poner el deseo.
Don Juan	Como arde, prueba inmortal este amor en tu desden.
Doña Leonor	Lo que a un hombre le está bien a una mujer le está mal.
Don Juan	¿Pues el amor no es igual?
Doña Leonor	No; cuando es amor honesto, que un marido, atiende a esto, juzga, en viendo voluntad, que ha sido facilidad haberle amado tan presto.
Don Juan	Pues ya sigo tu opinión, tu amor se labre en el trato, que por gozar tu recato sufriré su dilación.

Doña Leonor (Aparte.)	(Detente, imaginación, sacrifica tu decoro.)
Don Juan	Súfrate yo; pues te adoro.
Doña Leonor	Pues cesará mi tormento.
Don Juan	Débame amor lo que siento, débame amor lo que lloro.

(Sale Mojicón.)

Mojicón	Sobre una mula, Señor (bien con esto se encarece), tan picada, que parece caballo de regidor, ha venido en este instante Beltrán, el criado tuyo.
Don Juan	Que trae la respuesta arguyo de mi padre.
Mojicón	Es importante que vayas, porque te espera en esa cuadra, Señor.
Don Juan	Vamos, hermosa Leonor.
Doña Leonor (Aparte.)	(¡Oh cielos, y quién pudiera!)
Don Juan (Aparte.)	(¡Quién pudiera, hermosos cielos!)

Doña Leonor
(Aparte.) (Aqueste incendio templar;
 pero yo le he de apagar.)

Don Juan (Aparte.) (Pero cesen mis recelos.)

Doña Leonor
(Aparte.) (A un necio desvelo ingrato
 hay un cuerdo reprimir.)

Don Juan (Aparte.) Porque no pueden mentir
 su obligación y recato.

Doña Leonor
(Aparte.) (Ni a García que solía
 ser quien me adoró permito...)

Don Juan (Aparte.) (Por nombrarme no es delito,
 que nombrase a don García.)

Doña Leonor
(Aparte.) (Que si él es cuerdo y es sabio,
 no hará mi error más atroz.)

Don Juan (Aparte.) (Que no es nuevo que una voz
 tropiece al salir del labio.)

Doña Leonor
(Aparte.) (Lo que le toca a mi amor...)

Don Juan (Aparte.) (Lo que le toca a mi pena,
 es pensar que es Leonor buena.)

Doña Leonor (Aparte.)	(Es pensar que tengo honor.)
Don Juan (Aparte.)	(¿Pues a qué esperando están estos imposibles celos?)
Doña Leonor	¿Pues qué aguardan mis desvelos?
Don Juan	Vamos, Leonor.
Doña Leonor	Ven, don Juan.

(Vanse.)

Mojicón
Fuéronse, y quedéme yo;
oigan que disimulados,
no entenderá estos casados
el cura que los nupció.
Sin duda alguna sospecha
le trae desvelado y grave.
Hoy que este don Juan no sabe
cuál es su novia derecha.
Una ignominia muy rara
me admiro que el mundo pase,
¡Que haya hombre que se case
con mujer de buena cara!
¡Que haya hombre tan menguado
que aquello que en puridad
debe ser comodidad,
lo busque para cuidado!
Discurramos: ahora bien,
bajo este punto al amor,
la dama propia es mejor
que sea fea también.

A una dama fea ved
que todo le satisface,
pues piensa que se le hace
el requiebro de merced;
la llaneza que se pasa
con aquella fealdad
y aquella seguridad
con que entra un hombre en su casa;
al fin, no son pedidoras
las feas desmesuradas,
son seguras, recatadas,
son limpias, regaladoras,
y no ha menester celarlas
quien más las quiera celar;
si uno las quiere pegar
no hace lástima el pegarlas.
Esta sí es vida segura,
y la que más me enamora,
y no una dama de agora
toda puesta en su hermosura,
que para cena y comida,
si un hombre la ha de querer,
es necesario traer
el ave Fénix cocida.
Si su amante con pasión
la mira tierno y suave,
se pone más hueca y grave
que juez de comisión.
Aquellos siempre decoros,
aquel siempre desvarío,
la merienda, si va al río,
el balcón, si va a los toros,
dinero para el bolsillo,
las galas, el lucimiento,

             a la comedia aposento,
             coche al Ángel y al Sotillo;
             pues las feas seguir quiero,
             si no con amor con fe,
             que saben andar a pié
             y comen vaca y carnero.
             Feas mi atención debida
             procure de dos en dos.

(Sale don Andrés.)

Don Andrés   Nunca pensé, vive Dios,
             enamorarme en mi vida,
             y desde que vi a Leonor
             muero en inquieto sosiego,
             y estoy, siendo el amor ciego,
             más ciego que el mismo amor;
             ¿Pues cómo indócil se atreve
             a dejarme a mi albedrío?

Mojicón   El pretérito amo mío
             se ha acogido acá que llueve.

Don Andrés   ¿Cómo este ardor no mitigo?

Mojicón   Dime, ¿has visto... pero no.

Don Andrés   ¿Yo he de amar, ingrato, yo,
             a la mujer de mi amigo?

Mojicón (Aparte.)   (Paseándose está, por Dios,
             y hasta ahora no me ha mirado.)

Don Andrés   Pues señor ciego vendado,

	yo he de poder más que vos.
Mojicón (Aparte.)	(No he podido percebir
lo que habla entre sí incapaz.)
Don Andrés	¡Flechitas a mí el rapaz!
No te las he de sufrir,
pues he de templar discreto
el fuego que me ha abrasado.
Mojicón (Aparte.)	(O este hombre está enamorado,
o está haciendo algún soneto.)
Don Andrés	¿Yo que siempre he resistido
al amor, intento amar?
Mojicón	Ahora yo le quiero hablar.
Señor, ¿qué te ha sucedido?
¿Hate cogido, Señor,
por triunfador de despojos
con queso de algunos ojos
la ratonera de amor?
Don Andrés	Pues dar materia es forzoso
a este fuego penetrante,
que antes era yo su amante
que don Juan fuese su esposo.
Mojicón	¡Ah Señor!
Don Andrés	¿Qué estoy dudando
deste alivio a mi dolor?
Mojicón	¿Piensas que es cazuela amor

	que se digiere paseando? Que es amorosa pasión esa que tienes arguyo.
Don Andrés	Que te doy un nombre tuyo si no callas, Mojicón.
Mojicón	Hablemos en puridad, pues soy y fui tu criado, tu estás algo enamorado.
Don Andrés	¿Qué tenemos? Es verdad.
Mojicón	Eso sí, cuerpo de tal, ama fino, quiere astuto, y no te precies de bruto, que Dios te hizo racional; ahora quiero agradecerle ese intento a tu dolor, que es de hombres tener amor y de bestias no tenerle. Ama con resolución la dama que te admitiere, que es gallina quien no quiere, o a lo menos es capón.
Don Andrés	¡Ay Mojicón!
Mojicón	Señor mío, ¿Qué hay?
Don Andrés	Yo quiero a una dama.
Mojicón	¿Cómo la dama se llama?

Don Andrés	Es...
Mojicón	Perdona que me río de mirar lo que en ti pesa un amoroso cuidado; Señor, ya que has empezado, no empieces con tanta prisa.
Don Andrés	Digo que la dama es...
Mojicón	Bien te puedes declarar.
Don Andrés	Solo a ti debo fiar mi deseo.

(Sale don Juan.)

Don Juan	¿Don Andrés?
Don Andrés	Luego te diré mi amor; esperad, señor don Juan.
Don Juan	Yo os vengo a buscar.
Don Andrés	Y yo también os iba a buscar, ¿cómo estáis?
Don Juan	Don Andrés, bueno.
Don Andrés	Y de novio ¿cómo os va?
Don Juan	Luego hablaremos en eso.

| | Sabed que os vengo a fiar
toda el alma de mi honor. |
|---|---|
| Don Andrés | Amigos somos, hablad. |
| Don Juan | Atended a este papel. |
| Don Andrés | Ya yo espero que leáis. |
| Don Juan (Lee.) | «Hijo mío don Juan: Vuestro criado me dio vuestra carta, y confieso que me »alivió gran parte de los accidentes desta última enfermedad de mi vida; hijo, »yo muero, y ha seis años que no os he visto: si queréis que mi bendición os »alcance a tiempo, no lo dilatéis para verme; hoy he recibido el último »Sacramento: veaos yo antes que me muera. Dios os guarde. Vuestro padre » Don Álvaro Osorio.» |
| | ¿Ya habéis oído el papel? |
| Don Andrés | Sí, amigo, y sentido el mal
de vuestro padre. |
| Don Juan | Pues yo
voy a verle. |
| Don Andrés | En fin, ¿os vais? |
| Don Juan | Es fuerza, que soy su hijo,
y fuera grande crueldad
que niegue por la de amor
la obligación natural;
de anciano muere mi padre;
mi ausencia y su mucha edad |

                los dos accidentes son
                desta dolencia mortal;
                luego, al punto, he de partirme
                por ver si puedo lograr
                sus brazos antes que llegue
                el breve plazo fatal;
                sus años, pues, con mi vista
                procuraré renovar,
                que son los brazos de un hijo
                de un padre viejo el Jordán,
                y de mi esposa y su padre
                estoy despedido ya;
                Mojicón, vete allá fuera.

Mojicón   Obedezco.

(Vase.)

Don Andrés   ¿Qué mandáis?

Don Juan   Amigo, una pena mía
                os quiero comunicar,
                que purifica un indicio
                al crisol de una verdad:
                vos sois mi amigo y no tengo
                con quien poder descansar.

Don Andrés   Proseguid.

Don Juan   Si no es con vos...

Don Andrés   Amigo será en la paz
                quien supo serlo en la guerra.

Don Juan	No es ese mi intento.
Don Andrés	Hablad.
Don Juan	No cortesano os procuro, soldado os vengo a buscar.
Don Andrés	¿Soldado estando en Valencia?
Don Juan	Aquí os he menester más soldado que en la alta y baja, con el de Orange y Veimar.
Don Andrés	¿En qué me buscáis soldado?
Don Juan	Veréislo si me escucháis. Por concierto y conveniencia un día apenas habrá que don Félix me entregó la fuerza de una deidad; con guarnición de deseos la entré ayer a pertrechar, cuando para sustentarla me hallé también incapaz; dentro de su casa misma, que fue plaza de armas ya, era espía de sí propio de otro campo un capitán: don García de Torrellas la llegó un tiempo a asaltar escalando de sus muros la altiva capacidad; a sangre y fuego intentaba de su constancia triunfar,

           sangre siendo aquella fama,
           fuego esta voracidad;
           pero con ruegos y quejas,
           viendo que no puede más,
           porque se diese a partido
           alzó bandera de paz;
           no se rindió a su porfía
           Leonor, que cuerda y sagaz
           más inexpugnable estuvo
           cuando pudo flaquear;
           alzó el campo don García,
           viendo resistencia igual
           en el socorro.

Don Andrés   Todo eso
           lo tengo entendido ya.

Don Juan   Pues yo que fui incorporada
           Defensa desta beldad,
           la dejo precisamente
           por irme a recompensar
           con la debida obediencia
           la obligación paternal;
           y pues sois siempre mi amigo,
           la plaza os pruebo a dejar
           de mi maese de campo
           a falta de general;
           vos, como diestro soldado,
           con la vista examinad
           si mi enemigo otra vez
           quiere esta fuerza sitiar;
           los más confidentes vuestros
           por soldados alistad,
           poniendo siempre atalayas

    de mis celos en el mar;
    cuidaréis principalmente
    si dentro en la fuerza hay
    quien pueda entregar por trato
    de mi honor esta ciudad;
    y no os admire el recelo,
    que en los que guardando están
    los presidios de hermosura,
    suele haber algún neutral;
    y si fuere menester
    como soldado lidiar,
    no aguardéis más orden mía
    que la que mi aviso os da.
    Todo mi honor pongo en vos,
    solo de vuestra amistad
    fiará tan grande cargo,
    valiente sois y leal,
    pues guardad como atrevido,
    como soldado guardad
    este presidio, advirtiendo,
    valiente como sagaz,
    que en perdiéndole una vez
    no se puede restaurar.

Don Andrés   Amigo, yo os voto a Dios
    que me pesa de verdad
    que me encarguéis una cosa
    que no sé si he de acertar;
    mandáraisme, pesia aquel
    que os trujo a casar acá
    que hiciera de calvinistas
    un jigote a Barrabás:
    mandáraisme que a la Holanda
    me la trujera a Cambray,

que cualquiera hazaña destas
era hazaña venial;
y no me mandéis que os guarde
vuestra mujer, que esto es más
que ganarle al Rey de Francia
la Rochela o a Roan;
pero pues vos sois mi amigo,
aquesta vez perdonad,
que aunque no de buena seda
os tengo de hablar moral;
la mujer no yerra solo
en la ofensa, imaginad
que aún más que en la ejecución
yerra en el intento más.
Cuando una propia mujer
se deja acaso llevar
u del deseo, u del ruego,
u de memorias que están
en el carácter impresas
que guarda el alma inmortal,
cuando hay deseo en lo oculto,
y cuando hay facilidad
en los ojos, que ellos son
segundas causas de obrar,
en la más guardada fuerza
hay menos seguridad;
cuando la mujer es buena
por sangre y por natural,
de aquel amoroso fuego
no abrasa la actividad;
mas si el natural no es bueno,
decidme: ¿que importará
curar un mal exterior
si queda interior el mal?

Don Juan	Leonor es buena, y bien puedo
por su parte confiar;
pero como el riesgo es
del yerro del alma imán,
ya que todas veces no,
tal vez el alma atraerá,
y aunque mi propia confianza
me da la seguridad.
Evitar los riesgos debo,
que un obstinado porfiar
vencerá el bronce más duro
y el más fuerte pedernal;
y, al contrario, aunque mi esposa
no fuera quien es, y allá
dentro de su inclinación
guardara otra voluntad,
castigar lo que yo vea
es lo que me importa más;
mas no castigar aquello
que no puedo averiguar.
Don Andrés	Pues si eso no es más, amigo,
supuesto que os contentáis
con que dese don García
os guarde a Leonor, pensad
que hecho Argos de vuestro honor
la he de servir y guardar.
Don Juan	Haréis como noble en eso;
sois ejemplo de amistad;
dadme don Andrés los brazos.
Don Andrés	El diablo os hizo casar.

Don Juan	Ese ya es mal sin remedio.
Don Andrés	Y es sin remedio este mal.
Don Juan	¿La guardaréis?
Don Andrés	Es forzoso, soy amigo.
Don Juan	Y sois leal, guardeos el cielo.
Don Andrés	Él os guarde.
Don Juan	Mucho es lo que me obligáis.
Don Andrés	Y vos con la confianza me habéis obligado más.
Don Juan	¿Qué queréis decir en eso?
Don Andrés	No quiero que me entendáis.
Don Juan	Pues yo me voy confiado.
Don Andrés	Que he de serviros fiad.
Don Juan	Déjeme volver el cielo.
Don Andrés	Déjeme el cielo templar.

(Vanse.)

(Sale Inés con una luz, que pondrá sobre un bufete.)

Inés   Por esta cruz, venla aquí,
y por vida de mi abuelo,
y así Dios tenga en el cielo
al padre por quien nací,
a freilas, y esto que digo,
a fe, y voto a tal razón,
que vengo con gran pasión
muy enojada conmigo;
a una pregunta muy clara
procuro satisfacer,
señores, vengo a saber
si yo tengo mala cara.
¿No tengo todas las leyes
para ser perfecta hermosa?
¿Mi cara no es espaciosa
como carreta de bueyes?
¿El que mis orejas vio,
no vio iguales mis orejas:
por lo redondo mis cejas,
no hacen las dos una O?
¿Pues no puede en la letura
de amor con tierno despojo,
ponerse al margen este ojo
del libro de la hermosura?
Luego con justicia fundo
mi hermosura acreditada;
¿Mi boca no es tan rasgada
que parece hijo segundo?
¿No hacen mis dientes menores
a mis facciones cabales
pues son dientes tan iguales
que no pueden ser señores?

¿Y no tengo un hoyo aquí
en la barba penetrante,
donde entierro todo amante
que va muriendo por mí?
¿No soy prendida, curiosa,
no soy muy dama, a fe mía,
y no soy un poco fría,
que es señal de ser hermosa?
Pues ¿cómo este Mojicón,
cómo este nuevo criado,
con verme no me ha mostrado
un adarme de afición?
¿Cómo mirándome a mí,
hermosa a más no poder,
aún no me ha dicho: «Mujer,
¡Qué cara tienes ahí!»?
¿A esta carilla desprecio,
desprecio a aquesta deidad?
¡Oh tontazo en cantidad
de ochenta grados de necio!
Corrida en cierta manera
me hallo de su proceder,
yo no le quiero querer,
pero quiero que él me quiera;
digo que no hay que pensar,
crea el muy entero, crea,
que si no me galantea,
yo le he de galantear;
con esta resolución
le rendirá mi verdad,
que aunque no la voluntad,
me va la reputación.

(Sale Mojicón.)

Mojicón	Esto es acabado, pues he salido deste afán; fuese a Orihuela don Juan, y me espera don Andrés.
Inés (Aparte.)	(El viene.)
Mojicón	Y pidióme a mí, viendo mi lealtad tan cierta, que le abriese cierta puerta.
(Aparte.)	(Pero Inesilla está allí, y esta es ocasión mejor, aunque hay otras ocasiones, de decirle dos pasiones cuatro dedos del amor.)
Inés (Aparte.)	(Ya determinada estoy, pues yo le he de enamorar.)
Mojicón (Aparte.)	(Ahora yo quiero llegar.)
Inés (Aparte.)	(¡Qué grave está! Mas yo voy.)
Mojicón (Aparte.)	(Confieso que voy con susto, que es moza de buena cala.)
Inés (Aparte.)	(Si me enviara noramala fuera cosa de buen gusto.)
Mojicón (Aparte.)	(¿Qué me tardo? Llego pues.)
Inés (Aparte.)	(¿Qué tardo si he de llegar?)

Mojicón (Aparte.)	(Ya la empiezo a requebrar.) Dulcísima y bella Inés, más que el almíbar suave y más blanca que el aurora...
Inés (Aparte.)	(Oiga, oiga, que me enamora; pues ahora me pongo grave.)
Mojicón	Amor, que es ciego y tirano...
Inés (Aparte.)	(¿Qué es esto que llego a oír? Mucho le ha ido a decir en ganarme por la mano.)
Mojicón	Os amo con tal dolor...
Inés (Aparte.)	(Ya me iba yo a declarar.)
Mojicón	Que si me queréis premiar...
Inés (Aparte.)	(Eso sí, cuerpo de amor.)
Mojicón	En dulce y suave lazo veréis con afectos mil...
Inés	Puerco, sucio, intenso, vil, atrevido, bribonazo, y desmesurado y todo, decid, ¿quién os trujo aquí? ¿Qué es lo que habéis visto en mí para hablarme dese modo? Mendigo, ¿no era mejor, como amador vergonzante, entre dos luces de amante

	pedir limosna de amor?
	Bribón, si queréis comer
	amor en otero igual,
	idos, pesia tal, por tal
	a la sopa del querer.
Mojicón	¡Señora!
Inés	Andad, que me pesa;
	¿Han visto lo que se atreve?
	¡Qué quiera un lacayo aleve
	comer en primera mesa!
Mojicón	Oíd.
Inés	¿Qué me replicáis?
	Pobretón, no me irritéis;
	ánimo grande tenéis,
	sin camisa requebráis;
(Aparte.)	(Damas mías, escuchad
	damas de otros, advertid:
	cuándo seáis yunques, sufrid:
	cuando fuereis mazos, dad.)
(Vase.)	
Mojicón	¡Oiga, oiga, la fregoncilla!
	Fregado me ha, vive el cielo,
	todo el amor que tenía,
	pues le ha puesto como nuevo;
	ella se fue, y yo he quedado
	más solo en aqueste puesto
	que tahúr a media noche
	cuando ha perdido el dinero.

Mi amo, ya está entendido,
el pasado como huevo,
que estotro amo a quien sirvo
es amo de cumplimiento,
me ha pedido que le abra,
luego que mire en silencio
toda la casa, esta puerta,
y aunque no sé sus intentos,
a mi me toca no más,
a ley de criado añejo,
ver que estoy sirviendo a un amo
y que a otro amo estoy vendiendo;
mi ama está ya acostada,
Inesilla en su aposento
a la cara y a las manos
las da colación a un tiempo
con linda pasa a la cara,
con linda almendra a los dedos;
allí ronca en esta pieza,
porque es gordo, el escudero,
y como de aqueste cuarto
hoy hemos mudado al viejo,
no puede el viejo sentirnos;
ahora bien, yo me resuelvo
a abrir, porque don Andrés
me estará esperando: pruebo
a torcer la llave; ya
está blanda al primer ruego.
¡Ah don Andrés!

(Abre la puerta y entra don Andrés.)

Don Andrés   ¡Mojicón!
              ¿Qué me dices?

Mojicón	Entra quedo.
Don Andrés	¿Están recogidos?
Mojicón	Sí.
Don Andrés	Cierra esa puerta.
Mojicón	Ya cierro. ¿Qué intentas?

(Cierra la puerta.)

Don Andrés	No lo preguntes.
Mojicón	¿Qué ordenas?
Don Andrés	Yo nada ordeno.
Mojicón	Señor, déjame salir a la calle.
Don Andrés	¿Tienes miedo?
Mojicón	Quiérole tener.
Don Andrés	Ahora no puedes salir.
Mojicón	Yo pienso que entre puertas y por ti he de llevar pan de perro.
(Aparte.)	(Aquí yo he de ver de mi amo

	los menores pensamientos.)
(Escóndese.)	
Don Andrés	¿No acabas?
Mojicón	Empiezo ya.
Don Andrés	¿No te vas?
Mojicón	Ya te obedezco.
(Vase.)	
Don Andrés	Esta es la mayor traición, este es el mayor despecho que en mudas líneas ocultan el bronce y mármol eternos. Una traición vengo a hacer indócilmente resuelto, que quien lo es con un amigo lo es también consigo mesmo; yo a la amistad y a la sangre rompo los heroicos fueros, con una llama, aun no amor, una tema, aun no deseo. Doble estoy conmigo mismo, bien discurro, yo me he hecho más ofensa a mí en pensarlo que a don Juan en emprenderlo; vuélvome, que esto es infamia; a templar la llama pruebo; na pase amor a ser torpe pues no ha llegado a ser ciego;

                    si mi lealtad se quebró
                    torcida a un fácil afecto,
                    yo he de soldarla otra vez
                    con el mismo sufrimiento;
                    yo me vuelvo, abro la puerta.

Mojicón (Aparte.)   (Vive Dios, que no le entiendo.)

Don Andrés   ¿Mas no es lo más intentarlo?
                    ¿Haber entrado aquí dentro
                    no es lo más? Sí, lo más es,
                    lo más es, pues, si es más esto,
                    luego la imaginación
                    es más cómplice que el hecho;
                    vuelvo, pues, en dos balanzas
                    pesar este agravio quiero:
                    con aquella obligación
                    en esta balanza he puesto
                    aquella sangre ofendida;
                    y aquí mi amor... ¡vive el cielo,
                    que pesa esta voluntad
                    mucho más que aquel respeto!
                    Pongo aquí la confianza,
                    y aquí cargo mi deseo;
                    la lealtad vence al amor;
                    pues carguémosle este afecto
                    de la privación, que ya
                    es apetito, y con esto
                    se rendirá esta balanza.
                    Rindióse, no pudo menos;
                    pero en el peso hay error
                    que no tiene fiel el peso.
                    Todos los hombres quisiera
                    que oyeran este consejo:

a la mujer y a la dama
no la fíe el que es discreto
del amigo más seguro,
que el trato, aunque no obre el ruego,
la privación, la llaneza,
lo seguro, el poco riesgo,
la hermosura, la ocasión,
hacen tan seguro efecto,
que si hoy no, mañana si,
vienen a errar con el tiempo
en el delito los más,
y aun el deseo los menos;
pues si en el mundo se hallan
deste error tantos ejemplos,
¿seré el primero que borre
de la fe los privilegios?
Resuelto estoy, vive amor;
ya deste observado freno
he roto los alacranes.
Miedo, vive el cielo, tengo;
agora he echado de ver,
sí, porque hoy lo experimento,
que en dos extremos que antes
pensé que no eran extremos,
no hace el miedo la traición
que la traición hace el miedo.
En silencio está la casa,
y allí Leonor en su lecho
a la muerte representa
con la imitación del sueño;
la luz mato, pruebo a entrar;
pero con matarla atento

(Mata la luz.) de un honor y de un amigo
ladrón y traidor me vuelvo,

	porque el hurto y la traición
	procuran la sombra luego.
(Vase.)	
Mojicón	Entróse y mató la luz;
	¿qué hará mi amo allá dentro?
	Pero saber qué no hará
	es más difícil en esto;
	¡Ah don Andrés de Olfos vil!
	¡Oh vil Galalón moderno,
	que en Roncesvalles de amor
	vendiste a tu compañero!
	¡Ah Judillas de la legua!
Doña Leonor (Dentro.)	¡Padre! ¡Inés!
Mojicón	Oigan, pues, esto...
Doña Leonor (Dentro.)	¡Inés, padre, Celia, Floro!
Mojicón	No me llama; yo no quiero,
	pues que no me mete en cuenta
	meterme con ella en cuentos.
(Sale don Andrés.)	
Don Andrés	Hacia aquí estaba la puerta,
	salirme a la calle intento:
	turbado estoy, y no la hallo.
Mojicón (Aparte.)	(Yo escurro hacia mi aposento.)

(Vase.)

Don Andrés   ¡Cielos, que no halle la puerta!

(Sale doña Leonor medio desnuda.)

Doña Leonor   No has de salir, vive el cielo,
sin que mi justa venganza
dé a tu traición escarmiento.
Padre y señor, Inés, ¡hola!
Saca una luz.

Don Andrés (Aparte.)   (¡Yo estoy muerto!)

Doña Leonor   ¿No hay quien socorra el honor
de una mujer?

Don Andrés (Aparte.)   (¿Qué haré, cielos!)

Don García (Dentro.)   Leonor da voces, y yo
a defenderla me esfuerzo;
saltar quiero aquestas tapias.

(Sale al tablado.)

Don García   Ea; que yo te defiendo.
¿Quién de la mayor belleza
profana el sagrado templo?

Don Andrés (Aparte.)   (Vive Dios, que es don García
el que ha saltado: yo pruebo
a valerme de un engaño.)
¿Quién cruel y desatento

	se ha entrado en aquesta sala?
Don García	Que a darle castigo vengo.
Don Andrés	Que vengo a darle castigo.
Don García	De tan grande atrevimiento.
Don Andrés	Mataréle.
Don García	Mataréle.
Doña Leonor	¡Padre! ¡Don Félix! No puedo a mi pecho ni a mi labio dar más voz ni más aliento.
(Llaman dentro.)	Pero a la puerta han llamado, pruebo a abrir.
Don García	Matarle intento.
Don Andrés	Darle la muerte procuro.
Doña Leonor	Entre quien... ¡válgame el cielo!

(Abre la puerta doña Leonor.)

(Sale don Juan con una bujía encendida.)

Don Juan	¡Qué es esto, penas! ¡Qué miro!
Don Andrés	¡Qué es esto que veo, cielos!
Don García	Muerto estoy.

Doña Leonor   ¡Sin alma vivo!

Don Andrés   ¡Gran pena!

Doña Leonor   ¡Viviendo muero!

(Pónese don Juan en medio de don Andrés y don García.)

Don Juan (Aparte.) (Cuando al salir de Valencia
encontré con un correo
con quien me avisó un amigo
como mi padre es ya muerto:
cuando otra vez a Valencia
solo a consolarme vuelvo,
en la desdicha mayor
con otra mayor encuentro.)
Enigmas de nieve oscura
mudas estatuas de hielo,
(Ahora a los dos.) por donde al pasar mis ojos
resbalan mis pensamientos,
¿cómo los dos en mi casa
a estas horas...

Doña Leonor   ¡Grave empeño!

Don Juan   Procuráis...

Doña Leonor   ¡Mayor desdicha!

Don Juan   Derogar...

Doña Leonor   ¡Mal sin remedio!

Don Juan   La ley...

Doña Leonor   ¡Insaciable pena!

Don Juan   Que ha promulgado...

Don Andrés   ¿Que espero?

Don Juan   ¿En favor de mi opinión
mi honor, que es rey de sí mesmo?
¿Don Andrés, cómo no habláis?

Don Andrés   Yo os hablo con el silencio.

Don Juan   Con la lengua de los ojos
nunca está el agravio diestro;
a vuestra voz solicito.

Don Andrés   Ya os acordáis...

Don Juan   Hablad presto.

Don Andrés   Que esta tarde me encargasteis
que cuidase...

Don Juan   Ya me acuerdo;
que digáis lo más procuro,
que ese mal ya yo le entiendo.

Don Andrés   Pues para que me entendáis,
deciros no más intento
que oculto hallé a don García
dentro deste cuarto mesmo;
que halláis desnuda a su esposa;
que halláis desnudo mi acero;

	pues respondeos vos agora,
	que harto os he dicho con esto.
Don Andrés	Vive mi pena, sí, vive,
	que es inmortal, que es tan cierto
	mi deshonor, como fue
	mi cuidado verdadero;
	don García entró a mi ofensa;
	¿qué tardo? ¿Qué me suspendo?
	Matar debo a don García;
	mas quiero saber primero,
	cómo ha entrado en esta casa;
	para mejor convenceros
	satisfaced con la voz,
	si no la embaraza el miedo;
	ea, ¿no habláis?
Don García	Yo escuché
	quejarse en tardos acentos
	a Leonor en este cuarto
	desde mi casa, y temiendo
	algún riesgo de su vida,
	u de su fama algún riesgo,
	salté esas tapias y he entrado
	como osado caballero
	a un empeño de su vida
	y de su honor a otro empeño.
Don Juan (Aparte.)	(Esto bien pudiera ser,
	pero aunque puede, no es bueno
	anteponer una duda
	a lo que miro tan cierto:
	a éste he encargado a Leonor;
	este la ha querido un tiempo;

                              este es mi amigo, y aquel
                              no lo es; luego yo no debo
                              dar más crédito a esta fe
                              que dar crédito a este celo;
                              pero yo no he de dejar
                              nada a la duda, y es necio
                              quien castiga las ofensas
                              sin averiguar los yerros.)
                              Dime, infelice Leonor,
(Aparte.)   (Mas también me yerro en esto,
                              pues tú gozas tu hermosura
                              y yo tu desdicha temo.)
                              ¿Quién en tu cuarto, no temas,
                              entró osado, intentó ciego,
                              mariposa de tus rayos,
                              buscar tu llama por centro?
                              Di, ¿quién ha entrado?

Doña Leonor   Yo estaba
                              en tu lecho y en mi lecho;
                              pero no importa a la duda
                              referirte mi suceso.
                              Uno destos dos que dudas
                              desta ofensa tuya es dueño,
                              y el otro de tu venganza
                              vino a ser el instrumento.
                              Uno defendió tu honor,
                              y el otro vino a ofenderlo;
                              pero como a escuras fue,
                              no puedo saber de cierto
                              ni a cuál debo la traición
                              ni a cuál la fineza debo.

Don García   ¿Tú no me oíste dar voces

	cuando yo salté diciendo yo te vengo a socorrer? Di, ¿no es verdad?
Doña Leonor	No lo niego.
Don Andrés	Di, cuando tú dabas voces, ¿no dije airado y soberbio: yo te vengo a socorrer? Esto, di, ¿no es cierto?
Doña Leonor	Es cierto.
Don García	¿Luego yo te socorrí?
Don Andrés	¿Luego soy aquel que vengo a socorrerle?
Don Juan	Callad, callad, que, viven los celos, Dioses que hoy en mi coraje tienen la corona y cetro, que creyendo lo que ignoro, ignoro aquello que creo;
(Aparte.)	(Pero don García es quien me ha ofendido, ¿qué espero? Muera; pero no sé cómo esta pasión aprovecho, cuando otra duda mayor mayor hace a mi desvelo. Don Andrés, aunque es mi amigo, perdone este atrevimiento, ¿cómo entró dentro del cuarto si no estaba el cuarto abierto?

	Don García ya confiesa por dónde entró, y yo no veo por dónde entró don Andrés; luego iguales miro en ellos a un tiempo los desengaños, cuando dos culpas a un tiempo.)
Don García	Yo a socorrerla he venido.
Don Juan	Este dice bien, y quiero dar la muerte a don Andrés.
Don Andrés	Tu amigo soy verdadero.
Don Juan (Aparte.)	(Este responde mejor; pero si mal no me acuerdo, don Félix, de Leonor padre, indignado, pero atento, ¿no se enojó cuando vino conmigo mi amigo? Luego tuvo aquella indignación reservado algún secreto.)
Don García	Ea, ¿no vengas tu agravio?
Don Andrés	Ea, ¿no indignas tu acero?
Don Juan (Aparte.)	(Pues al entrar en Valencia. ¡Oh qué agudos son los celos! No supe que dos amantes idolatraban el cielo de los soles de Leonor. Luego bien puede ser esto, que este sea el que no dudo,

	y esotro el que no sospecho; pues muera...)
(Responden a una.)	
Don García y Don Andrés	El que te ha ofendido.
Don Juan	Entrambos con un afecto se satisfacen y culpan.
Don Andrés	Yo te incito.
Don García	Yo te muevo.
Doña Leonor	Uno es el que te ha ofendido.
Don Juan	Pues digo que...
Don Andrés	Ya te espero.
Don Juan	He de dar muerte...
Don García	¿Qué aguardas?
(Llaman dentro.)	
Don Juan	¿Llamaron?
Doña Leonor	Sí.
Don Juan	Pues ¿qué haremos?
Doña Leonor	Este es mi padre.

Don Félix (Dentro.)	Abre aquí.
Don Juan	Pues no es ocasión, yo quiero, para castigar mi ofensa, dejar mi agravio suspenso. ¿Don García?
Don García	¿Qué mandáis?
Don Juan	A las tapias.
Don García	Ya obedezco.
Don Juan	¡Ah don Andrés!
Don Andrés	¿Qué me quieres?
Don Juan	Vente conmigo.
Don Andrés (Aparte.)	(Estoy muerto.)
Don Juan	Leonor, vuélvete a tu cuarto.
Doña Leonor	Di, ¿qué es tu intento?
Don Juan	No puedo.
Don García (Aparte.)	(Yo satisfaré esta duda.)
Don Andrés (Aparte.)	(Yo proseguiré mi intento.)
Doña Leonor (Aparte.)	(Yo ocultaré mi desdicha.)

Don Juan (Aparte.)   (Yo examinaré mis celos.)

Don García (Aparte.)   (Yo a don Andrés buscaré.)

Don Andrés (Aparte.)   (Yo he de buscar el remedio.)

Don Juan (Aparte.)   (Yo buscaré a don García.)

Doña Leonor
(Aparte.)   (Yo he de ocultar el suceso.)

Don García (Aparte.)   (¡Déme templanza mi pena!)

Don Andrés (Aparte.)   (¡Déme mi traición esfuerzo!)

Don Juan (Aparte.)   (¡Déme venganza mi agravio!)

Doña Leonor
(Aparte.)   (¡Denme paciencia los cielos!)

Fin de la segunda jornada

Jornada tercera

(Sale don Félix y don Juan.)

Don Félix
Solos estamos los dos,
todo el suceso contadme;
acabad don Juan.

Don Juan
Dejadme
señor don Félix por Dios.

Don Félix
Que me recatéis no es bien
un mal que me toca a mí:
¿no soy vuestro padre?

Don Juan
Sí.

Don Félix
¿Y vuestro amigo?

Don Juan
También.

Don Félix
Pues templad ese desvelo
con vuestro padre y amigo.

Don Juan
La ofensa pide el castigo,
pero no pide consuelo.

Don Félix
A lo que habéis ponderado,
lo contrario he presumido;
nunca he visto mal sentido
que no se temple contado
pues a mí me ha de tocar
ese agravio, quiero ver
si llegándole a saber

                    le alcanzase a remediar.
                    Los dos somos uno, y quiero
                    por sanear mi opinión,
                    poner yo mi indignación
                    pues vos ponéis vuestro acero.

Don Juan   Pues en este cuarto...

Don Félix   ¿Qué es
                    nuestro agravio?

Don Juan   ¡Oh pena mía!
                    Hallé oculto a don García
                    y turbado a don Andrés.

Don Félix   ¿No os fuisteis anoche?

Don Juan   Es cierto.

Don Félix   ¿A ver vuestro padre?

Don Juan   Sí;
                    supe una legua de aquí
                    que era ya mi padre muerto;
                    volví con pena mayor
                    a dar mi queja a mi labio,
                    pero a costa de un agravio
                    vine a templar un dolor.

Don Félix   ¿Estaba Leonor allí?

Don Juan   Desnuda casi la hallé.

Don Félix   ¿Y qué fue el suceso?

Don Juan	Fue que encontrando a los dos...
Don Félix	Di.
Don Juan	Debo en igual recompensa, por sanear mi opinión, dar castigo a la intención como venganza a la ofensa.
Don Félix	De los dos quiero saber a cuál la muerte has de dar.
Don Juan	Uno la vino a ayudar y otro la vino a ofender.
Don Félix	Pues de los dos, di, ¿quién fue, quien fue a tu sangre traidor? Di, ¿quién defendió tu honor? Acaba, dilo.
Don Juan	No sé.
Don Félix	Culpa a aquel que te ha agraviado, y a tu defensor disculpa.
Don Juan	Cada uno tiene la culpa y ninguno es el culpado.
Don Félix	Pues bien sé yo que en Leonor no caben indicios pues.
Don Juan	¡Ay padre don Félix, que es

	muy vidrioso el honor!
Don Félix	A otra pena me provoco
que esta duda me causó;
¿sabes qué es la ofensa?
Don Juan	No.
Don Félix	¿Ni quién te ofendió?
Don Juan	Tampoco.
Don Félix	Que va errado tu valor
en aqueste examen piensa,
pues sin saber qué es la ofensa
nadie busca el ofensor.
Don Juan	Saber primero prevengo
cauteloso un tiempo y sabio,
quien ha causado mi agravio
que el mismo agravio que tengo.
Don Félix	Pues hijo don Juan...
Don Juan	¿Qué dices?
Don Félix	Ya es tiempo de hablarte claro,
pues que el honor que es tan tuyo
es también honor de entrambos,
no te quiero dar consejos
como padre y como anciano,
que también conserva filos
el acero de los años.
Iras quiere producirte

este decrépito árbol
que por fruto de su honor
produce venganzas tardo.
Sabe que a un tiempo los dos
que a un mismo tiempo has hallado
en el cuarto de Leonor,
con pensamiento violaron
de su honestidad el templo
y de su honor el sagrado.
Don García me ha pedido
a Leonor un tiempo, y tanto
se procuró diligente
mariposa de sus rayos,
que a no estorbarle la llama,
prudente como indignado,
del Sol de Leonor hermosa
fuera mi honor el ocaso.
Pues don Andrés...

Don Juan   Don Andrés
es mi amigo.

Don Félix   Ese reparo
es muy de la confianza;
sed juez y escuchad el cargo,
porque erraréis la justicia
en estando apasionado:
digo que a Leonor pretende
Don Andrés.

Don Juan   Tened, que ando
buscando alivio a mi pena
y en todo el mal no le hallo.
¿Pues cómo vos de Leonor

	me distéis la blanca mano,
	habiendo dos que intentasen
	lograr sus neutrales rayos?

Don Félix   Vos no estáis en vos, don Juan,
               aunque en vos pruebo a buscaros,
               muy bueno es que la lisonja
               me la contéis por agravio.
               ¿Qué daño os hace que sea
               querida mi hija? Caso
               que ella amase a quien la quiera
               entraba bien el quejaros:
               si no hubiera noche oscura
               no fuera el Sol estimado.
               La virtud, a no haber vicios,
               ¿tuviera quilates tantos?
               No, que los opuestos lucen
               de otros opuestos al paso.
               Luego en ser Leonor querida
               estar debéis más ufano,
               pues a no haber quien la amara
               no luciera su recato.

Don Juan   Que Leonor es hija vuestra
               es lo más, y así volvamos
               a saber cuál de los dos
               es mi ofensor, cuando en ambos
               igual disculpa procura
               cuando miro iguales cargos.

Don Félix   Eso han de hacer los testigos.

Don Juan   ¿Qué testigos?

Don Félix	Los criados
que siempre lo son de vista.
Don Juan	¿Los criados? ¿Y si acaso
no lo saben?
Don Félix	Si lo saben;
bien podéis examinarlos,
que siempre un criado estudia
los errores de su amo.
Don Juan	¿Adónde están?
Don Félix	Yo tengo uno
en ese cuarto encerrado:
¿Ah, Inés?

(Sale Inés.)

Inés	Señor, ¿qué me ordenas?
Don Félix	Don Juan te llama.
Inés	Ya salgo.
Don Félix	Ea, examinalda cuerdo:
no os irritéis indignado;
lo que más queráis saber
le preguntad como acaso,
y si por luz o por sombra
hallareis fácil cuidado
en Leonor (que aquesto es
buscar mancha en el Sol claro)
aunque soy padre y soy viejo,

117

| | sabed que para este caso
quiero poner el acero
cuando vos pongáis la mano. |

(Vase.)

| Don Juan | Déme mi valor paciencia;
pues a un mismo tiempo me hallo
de don García dudoso,
de don Andrés engañado,
receloso de Leonor;
¡Oh llegue a ocasión mi brazo
que con cobrar un castigo
venga a reparar un daño! |

| Inés
(Aparte.) | Señor, aquí estoy, ¿qué mandas?
(¡Solo en esta sala! ¡Malo!) |

| Don Juan | ¿Inés? |

| Inés | ¿Señor? |

| Don Juan | ¿Qué te turbas? |

| Inés | Es natural. |

| Don Juan | Yo he intentado
Saber de ti... |

| Inés | No sé nada. |

| Don Juan | ¿Ya respondes? |

| Inés | Para cuando |

| | me preguntes tener quiero
el secreto adelantado. |
|---|---|
| Don Juan | ¿Es secreto? |
| Inés | Sí, Señor. |
| Don Juan | Pues donde hay secreto hay algo. |
| Inés | No sé nada. |
| Don Juan | ¡Vive Dios!
Que te haga dos mil pedazos
o toma estos veinte escudos. |
| Inés | No hay que tratar, no me hablo
con esa gente. |
| Don Juan | ¡Oh! Por Dios
que he de matarle. |
| Inés | Esto es malo,
de escudos a puñaladas
va a decir un tanto cuanto. |
| Don Juan | Toma. |
| Inés | Pues me has hecho el son
con dineros que me has dado,
que son cítaras mejores,
vaya el tono. |
| Don Juan | Empieza. |

Inés   Canto:
Señor, este don García,
aqueste vecino alano,
que a la oreja de mi ama
le anda tirando bocados,
ha seis años que la quiere.

Don Juan   Ya lo sé, y saber aguardo
si Leonor...

Inés   Leonor es roca,
y es mi señora...

Don Juan   Habla paso;
¿Nunca la ha hablado?

Inés   Eso sí,
las noches de claro en claro,
los días de sombra en sombra
los suelen pasar hablando,
porque por esa pared...

Don Juan   Di, acaba.

Inés   Vete despacio;
han dispuesto un locutorio
donde suelen hablar tanto
por una quiebra que hace
esa pared con un patio,
como habla un entremetido
o como habla un abogado
cuando no tiene justicia
que mete el pleito a barato.

Don Juan	¿Qué dices?
Inés	Lo que te digo.
Don Juan	En fin, ¿eso es cierto?
Inés	Es tanto que ayer fue la despedida; Hubo queja y hubo llanto. Él dijo: ¿Ya te casaste? Y ella: Sí, ya me he casado. Despidiéronse los dos...
Don Juan	Calla, calla, cierra el labio, que me ha partido tu voz el corazón a pedazos. Di, ¿cuando quieren hablarse qué seña hacen?
Inés	Yo la hago: cuando el deseo de hablar come a mi Señora, rasco la pared, y desta suerte la sarna de amor aplaco.
Don Juan	Pues llama a aquesta pared, que con una industria aguardo saber mi ofensor.
Inés	¿Qué intentas?
Don Juan	No repliques; ¡quién se ha hallado cercado de tantas penas! Acaba, llama.

(Llama a la pared.)

Inés   Ya llamo.

Don Juan (Aparte.)   (Mal haya aquel que se casa
de lino o de enamorado
con mujer que no conoce;
en la tratada hay engaños.
¿Qué hará en la no conocida?
Luego viene a ser en vano
dar tarde un medio a mis celos,
cuando una muerte temprano...)
¿Llamaste?

Inés   Sí, ya llamé.

Don Juan   Prueba otra vez.

(Llama otra vez, y no responden.)

Inés   Ya lo hago:
a esotros celos, Señor,
que ese amante está cerrado.
¿Qué intentas hacer?

Don Juan   Prosigue.

Inés (Aparte.)   (Pienso que me han de estar caros
los veinte escudos.)

Don García (Dentro.)   ¿Quién es?

Don Juan (Aparte.)   (Cierto averiguo mi agravio.)

	Di que eres Leonor.
Don García (Dentro.)	¿Quién llama?
Inés	Leonor.
Don Juan	No hables tan alto, que conocerá la voz.
Don García (Dentro.)	¿Qué quieres?
Inés	A hablarte llamo.
Don García (Dentro.)	¿Pues qué novedad es esta cuando estamos concertados, tú de querer a don Juan y yo de olvidarte?
Don Juan (Aparte.)	(Ya hallo una salida a mi indicio cuando una evidencia aguardo.) Di que anoche ¿cómo entró?
Inés	Solo vengo a preguntaros ¿cómo anoche os arrojastes a entrar a mi propio cuarto?
Don García (Dentro.)	Por cumplir la obligación de un amor que siempre guardo, porque nunca ha sido amante quien se halla al riesgo templado; por ti entré, Leonor, por ti.
Don Juan (Aparte.)	(¡Viven los cielos, villano,

                      que has de pagar con la vida
                      la culpa que has confesado!
                      Por Leonor dice que entró.)

Don García (Dentro.)   Y a no ser porque indignado
                      don Juan anoche estorbó
                      la ejecución a mi brazo,
                      descontar pensaba en iras
                      cuanto iba a buscar en lazos.

Don Juan   ¿Qué más claro puede hablar?
                      ¿Quién se ha visto en tal estado,
                      que sabiendo el ofensor
                      no satisface el agravio?
                      Pregunta, pregunta más.

(Sale doña Leonor, y encuéntrase con don Juan.)

Doña Leonor
(Aparte.)   (En la pared he escuchado
                      que ha llamado don García.)
                      Don García... ¡cielos santos!
                      ¿Qué es lo que veo?

Don Juan   ¿Qué miro?

Inés   Pescáronla.

(Empuña don Juan la daga.)

Don Juan   ¿Qué me tardo?

Doña Leonor
(Aparte.)   (Viva estatua soy de hielo.)

Don Juan (Aparte.)	(Muerta enigma soy de mármol.) ¿A quién buscas?
Doña Leonor	Yo, Señor, a vos porque digo estando sin mí... yo si... si mi pena... Al ruido... animóme en vano: señor, a decirte vengo
(Aparte.)	(así intento remediarlo) que don García fue quien vino anoche a darme amparo.
Don Juan	¿Y para esto le nombrabas?
Doña Leonor	Sí, Señor.
Don Juan	Ya se ha pasado el indicio a la evidencia, y la duda al desengaño. ¿Y esa era tu intención?
(Recio esto.)	
Doña Leonor	Sí: ¿Dudas en mi fama, cuando son los montes y los cielos de lo que te estimo y amo testigos fieles de abono. Y yo soy, bien me comparo, fija como sus estrellas, firme como sus peñascos? Y esta pared es testigo...

(Oye don García dentro la voz.)

Don García (Dentro.) Siempre estoy yo confiado
que me has querido, Leonor.

Doña Leonor ¿Qué es esto?

Don Juan ¿Qué, te has turbado?
Como es la pared testigo
está respondiendo cargo.

Doña Leonor
(Aparte.) (Don García ha respondido,
pues al honor acudamos;
que esto importa, vive el cielo.)
Que miente traidor tu labio
y tus pensamientos mienten,
sacrílegos y profanos
yo a don Juan estimo y quiero,
como amante le idolatro,
tanto como a dueño propio,
y esto es tan seguro...

Don García (Dentro.) Es claro.

Doña Leonor Que anoche...

Don García (Dentro.) ¿No hubo en ti culpa?

Doña Leonor Pues ¿qué esperas?

Don García (Dentro.) Nada aguardo.

Doña Leonor Pues déjame.

Don García (Dentro.)			Ya te olvido.

Doña Leonor		Pues vete.

Don García (Dentro.)			A olvidarte airado.

Doña Leonor
(De rodillas.)		Si bastan estos despechos
			para soldar un engaño,
			si estas lágrimas que enjugo,
			si estas corrientes que exhalo
			bastan a templar tu incendio
			pues son lluvias de mi llanto,
			te pido...

Don Juan			Leonor, levanta;
			Inés, vete afuera.

Inés				Andallo.
(Aparte.)		(Pues dio en el lazo mi ama,
			yo quiero roer el lazo.)

Don Juan		¿Leonor?

Doña Leonor			¿Señor?

Don Juan				No te turbes,
			que ahora contigo hablo
			si con pasiones de esposo,
			con atenciones de hermano;
			de ti me quiero fiar,
			mira tú cuán apurado
			de ti, mi honor se halla en ti,

	que en ti procuro el amparo.
Doña Leonor	¿Qué intentas?
Don Juan	¿Tú no eres causa de mi mal?
Doña Leonor	De tu cuidado.
Don Juan	¿Mi honor no es tuyo?
Doña Leonor	Es mi honor.
Don Juan	¿No eres noble?
Doña Leonor	Al caso vamos.
Don Juan	En ti no puede haber mancha.
Doña Leonor	Es ponerla en el Sol claro.
Don Juan	Pues ayúdame a saber mi ofensa, para que un daño restaure con un consejo; dime aquel que ha procurado violar de tu ama el templo que es de la mía sagrado; los cargos que hizo la duda me descuenta con el labio, sanéame con la voz la injuria que me has causado, y en esta ofensa que es tuya y en este honor que es de entrambos pues por ti tengo la ofensa,

	tenga por ti el desagravio.
Doña Leonor	Pues si así...
Don Juan	Mi mal se cura.
Doña Leonor	¿Piensas...?
Don Juan	Atajar un daño.
Doña Leonor	Soldar...
Don Juan	Un yerro de honor.
Doña Leonor	Oye la pasión al paso que has entendido la duda.
Don Juan	Di tu mal.
Doña Leonor	Ya le declaro. Ya sabes, dueño mío, móvil que rige todo mi albedrío, que fue lance forzoso verme a un tiempo, y a un tiempo ser mi esposo; ya te acuerdas que nunca el mal se olvida, ¡Oh cómo se renueva aquesta herida! Que al admitirte dueño, aunque tirano, erró mi voz cuando acertó mi mano; ya sientes lo que anoche ha sucedido, aunque no es este mal para sentido, que de honor cuando aqueja un accidente no sé yo cómo vive quien lo siente; fuístete, pues, ayer, tarde lo lloro, dejándome encargada a mi decoro,

porque yo viva en mí, firme y segura,
que esta defensa tiene la hermosura;
y, al fin, ya de mis lazos apartado,
llevándote contigo tu cuidado
de la seguridad blando enemigo...

Don Juan Acaba, dime el mal, Leonor.

Doña Leonor Prosigo:
cerró la noche, y vino tan oscura
que se vistió el color de mi ventura;
busco el lecho al descanso, admito el lecho,
y fue campaña en que lidiando el pecho
quedó por más victoria
reina de la campaña la memoria;
quiero engañar tu ausencia con mi sueño,
conficionó fatigas por beleño,
encarceló con quejas bien extrañas
los ojos en la red de las pestañas,
y al imitar la imagen enemiga,
fue fatiga vencer a la fatiga.
Mato una luz, achaque del desvelo,
doy a la duda plaza de recelo,
y oigo, asustada desta maravilla
que el nogal se quejaba de una silla,
o de algún peso nuevo que le inquieta
o de aquella prisión de la baqueta;
doy la atención a todos mis oídos,
que siempre están al daño prevenidos,
discurro con el miedo,
esfuerzo mis temores cuanto puedo,
y dije ¿si por torpe, aun más que feo,
tropezó en esta silla algún deseo?
Pruebo a escuchar, y dudo lo escuchado,

vuelvo otra vez a entrar en el cuidado,
y porque el susto a mi pasión asombre,
por la respiración colijo a un hombre,
pues el que entró pisaba tan atento
que antes que el paso le escuché el aliento:
todo el valor se asombra,
y como la traición busca la sombra,
conozco la traición, olvido el lecho,
busco la vela, muerta a mi despecho,
y como llamas de valor respiro,
la procuro encender con un suspiro;
buscar quieren la puerta mis enojos,
y el tacto hallé más torpe que los ojos:
buscábame el traidor, no me halla luego,
con amor y sin luz, dos veces ciego,
vestíme mal vestida a escuras trato,
pero echéme a perder con mi recato,
pues aunque ni me hallaba ni me oía,
la seda le avisó cuando crujía;
llegarse intenta, y aunque me apartaba,
el ruido le decía dónde estaba,
y como siempre en estas aventuras
son las manos los pies del que anda a escuras...

Don Juan	Dilo, acaba, Leonor.
Doña Leonor	¡Dolor tirano!
	Mi mano tropezó sobre su mano;
(Aparte.)	(Partida tengo el alma en dos mitades,
	agora es tiempo de decir verdades.)
Don Juan	Di, ¿qué aguardas?
Doña Leonor	Decirte el mal espero.

Don Juan (Aparte.)	(No puede ser mayor que yo le infiero.)
Doña Leonor	Digo, Señor, que como es (¡qué intento!) madre la sombra del atrevimiento, esta es temeridad.
Don Juan	Prosigue, acaba.
Doña Leonor	Y como yo no vi lo que intentaba, teniendo con mis manos a sus manos, sus intentos villanos resistí valerosa, estorbe fuerte (Este consuelo me evitó la muerte), y aunque vencí su queja y su porfía, y aunque atajé a su mano la osadía, viéndose ya empeñado y no admitido (¡Oh lo que intenta un hombre aborrecido!) ya que rendir no pudo esta muralla...
Don Juan	No me digas más señas, calla, calla; en vano el labio y el dolor empeñas, que un desdichado no ha menester señas; ¿y sabes, di, cuál es aquel que ha sido quien en lo más posible me ha ofendido de los dos que encontré? Porque quisiera...
Doña Leonor	Entrambos pueden ser.
Don Juan	¿De qué manera?
Doña Leonor	Porque entrambos mi amor han pretendido.
Don Juan	

(Empuña la daga.) Viven los cielos, que pues te han querido...

Doña Leonor   Detén, Señor, la ira rigurosa,
¿qué culpa tengo yo de ser hermosa?

Don Juan   Dices bien que esta ira es muy temprana.

(Sale doña Juana.)

Doña Juana   ¿Doña Leonor?

Doña Leonor   Amiga doña Juana.

Doña Juana   ¿Qué es esto?

Doña Leonor   ¿Qué ha sucedido?

Doña Juana   Don Juan, yo vengo a avisarte,
si en tu valeroso pecho
caben discretas piedades,
que airado como prudente
un riesgo a mi vida atajes,
para ignorado imposible
y para avisado fácil;
aquel criado que ayer
entró en casa a acompañarte,
el que ahora a ti te sirve
y a don Andrés sirvió antes,
habrá dos horas que entró
en mi casa a preguntarme
si hablar puede a don García;
dije que no, y al instante
me dejó aqueste papel:
yo que en su propio semblante

saqué indicios para el riesgo
y para el dolor señales,
abro el papel de mi hermano,
de curiosa y no de amante,
para hacer en sus renglones
de mis dudas el examen,
y veo que don Andrés
envía a desafiarle
detrás de los religiosos
descalzos que alberga el Carmen;
aquí hay dos riesgos a un tiempo
tan posibles como grandes:
si mi hermano sabe el duelo,
si que ha escrito el papel sabe,
ha de dar con un castigo
satisfacción a su sangre,
si no le enseñó el papel,
don Andrés ha de juzgarle
o remiso en el empeño,
o en la venganza cobarde;
decirle que salga es yerro,
temeridad no evitarle;
no avisarle, no es decente;
pues para que no se manchen
con las nieblas de la infamia
dos rayos de honor solares,
te pido que al campo vayas,
y que evites arrogante
o que temples reportado
de estas iras incapaces
estos carbones que atiza
el soplo de un viento fácil;
y, en fin, como agradecido,
supuesto don Juan que sabes,

| | que por tu honor don García
con justas temeridades
saltó esa tapia a las voces
que extrañó el viento volcanes
que Leonor exhaló en quejas;
y pues anoche fui parte
que se arrojase a mi ruego
y a su queja se obligase,
recompénsame esta deuda
con este favor, porque halle
el amparo en tu prudencia
que tú en don García hallaste:
don Andrés digo que espera
en el campo, pues no aguardes
a que otro segundo aviso
o le provoque o le ultraje.
Yo te obligo, tú eres noble,
de ambos es igual la sangre,
y es fuerza que tus aceros
se indignen también iguales,
y así... |
|---|---|
| Don Juan | Espera, doña Juana;
dime ahora, ¿tú escuchaste
quejar a Leonor anoche? |
| Doña Juana | Yo la escuché. |
| Don Juan | Y di, ¿fue antes
que saltase don García? |
| Doña Juana | Antes fue que él se arrojase. |
| Don Juan | ¿Luego don Andrés fue quien |

        fue a mi amistad y a mi sangre
        dos veces traidor amigo?
        De una industria he de ayudarme,
        con que he de darle el castigo;
        ¿dónde dices que está?

Doña Juana   Al Carmen
        descalzo dice el papel.

Don Juan   ¡Vive Dios, que he de matarle!

Doña Juana   ¿Te vas?

Don Juan   A evitar tu riesgo.

Doña Leonor   ¿Qué es lo que intentas?

Don Juan   Vengarme.

Doña Juana   Primero es aqueste empeño.

Don Juan   También intento evitarle.

(Vase.)

Doña Leonor   ¿Tú qué lloras?

Doña Juana   Un temor.

Doña Leonor   ¿No has de reprimirle?

Doña Juana   Tarde.

Doña Leonor   ¿Quién le causa?

Doña Juana	Don Andrés.
Doña Leonor	¿Por qué ocasión?
Doña Juana	Fue mi amante. Mi hermano y él son mis penas.
Doña Leonor	Tu hermano y él mis azares.
Doña Juana	Acábese este tormento.
Doña Leonor	Para que el mío se ataje.
Doña Juana	Mas, ¡ay Leonor!
Doña Leonor	¡Ay amiga! Que para que no se atajen,
Las dos	Fénix es cada mal de nuestros males, que de lo que unos mueren otros nacen.

(Sale Mojicón.)

Mojicón Señores, en puridad,
perdónenme lo atrevido,
yo a preguntar he salido
una gran dificultad:
yo he de parecer menguado
si no parezco importuno;
reyes míos, ¿hay alguno
que haya estado enamorado?
La honra apostaré aquí,
y aun la vida he de poner,

que no hay hombre ni mujer
que no me diga que sí.
¿Cómo se puede creer
ver a un amante decir,
que ni ha podido dormir
ni que ha podido comer?
Esta es cosa que me acaba
porque llega a ser creída;
no tuviera la comida,
viéramos si enamoraba.
Di, amante de Barrabás,
nombre debido a tu llama,
¿cómo en gozando a la dama
cenas mucho y duermes más?
Almibarado amador,
¿qué se hizo tu voluntad?
¿Ves cómo tu enfermedad
era tema y no era amor?
Señores míos, yo creo,
reviente aquesta postema
que cualquier amor es tema
y cuando más es deseo;
jamás he visto querer
hombres que andan ocupados,
los que están enamorados
es que no tienen qué hacer;
y si a otra luz sus errores
quieren ver claros también,
¿cómo nunca quieren bien
poetas ni jugadores?
Que no hay quien ame contemplo
si no le va el pundonor.
Y don Andrés, mi señor,
les sirva a todos de ejemplo;

por él solo he colegido
este discurso apretado,
pues que no admitió rogado
a la que ama aborrecido;
y el no poderla gozar
sirve de influjo a su estrella,
y no hiciera caso della
si la pudiera alcanzar.
Pues si apurado en rigor
el amor que activo quema
no es amor, que solo es tema,
luego es tema y no es amor.
Ah, bien haya yo, que quiero
amante a las damas grato
con prevenciones de gato
por Enero y por Febrero;
aunque tuviese a la mano
bergantas de dos en dos,
en mi vida, juro a Dios,
dije requiebro en verano;
en aqueste gusto fundo
mi regalo y mi quietud,
que primero es mi salud
que todo el amor del mundo;
dama que me ame fiel
no me ha de costar un paso;
pero volvamos al caso,
que andamos muy fuera dél.
Con una intención extraña
que pasa a resolución,
don Andrés, el Galalón,
me ha traído a esta campaña,
y sobre esa margen fría,
que es marco de flores ya,

en el claro arroyo está
esperando a don García;
que han de reñir imagino,
y por si hallo un caminante
que meter quiera el montante,
me he venido hacia el camino;
mirar quiero desde aquí
si hallo lo que he deseado.
¡Don García el desafiado
es aquel que viene allí!
Él viene ya: ¿reñirán?
Ella es grande bobería;
pero aquel no es don García,
¡Vive el cielo! que es don Juan:
ahora es menester arte
para escurrirme no más.

(Sale don Juan.)

Don Juan   ¡Ah Mojicón! ¿dónde vas?

Mojicón   Señor, a ninguna parte:
                íbate a buscar.

Don Juan   Y yo
                a buscarte vengo aquí:
                ¿qué haces en esta campaña?

Mojicón   He salido a divertir
                un hipocóndrico mal
                por uno y otro jardín.

Don Juan (Aparte.) (Aqueste pienso que ha sido
                causa de mi mal, y así

	lo que a mi venganza vi
	no he de callar a su oído.)
	¡Traidor infame!
(Saca la daga.)	
Mojicón	¡Señor!
Don Juan	¡Vive Dios! que has de morir.
(Aparte.)	(Mi industria valga a mi mal.)
Mojicón	Señor, ¿en quién te ofendí?
Don Juan	Tú, traidor, tu fuiste, aleve,
	el que anoche pudo abrir
	porque entrase don García.
(Aparte.)	(Esto le quiero decir
	porque confiese si acaso
	fue don Andrés ¡ay de mí!
	Que viendo el fin de mi honor
	no hallo a mi venganza fin.)
	¿Por qué le abriste? Di, acaba;
	si procuras que en ti
	tome de tantas ofensas
	justa venganza y feliz.
Mojicón	Señor, el diablo me lleve
	si fue don García.
Don Juan	Di:
	si fue don Andrés, no importa.
Mojicón	Pues a don Andrés abrí.

Don Juan (Aparte.) ¿Cómo fue? (¡Oh traidor amigo!)

Mojicón Como me rogó... Si aquí
quieres que he hable más claro
y más alto que un clarín,
envaina la daga ahora,
que en viéndola relucir,
deslumbradas mis palabras
no han de acertar a salir.

(Envaina la daga.)

Don Juan Di, que ya envaino la daga:
pues prosigue.

Mojicón   Ahora sí,
señor, este don Andrés,
este amante matachín,
el que al tono del amor
baila un tiempo aquí y allí,
para quien, si no me engañan
las palabras que le oí,
es la mejor, la que es más
difícil de conseguir;
aun no bien anochecido
me vino a casa a pedir
que le abriese la una puerta;
cuando yo le obedecí,
entróse paso entre paso
tan ciego, según le vi,
que aun de su propio sombrero
no echó de ver el candil;
cerró la puerta primero,
pisó luego tan sutil

que en los propios movimientos
sus intentos conocí;
sopló una luz que allí estaba,
hecho corchete de sí,
y a la alcoba de Leonor
fue tanteando de albañil;
llegó dentro, escuché voces,
la bola en esto escurrí,
tú te piensa lo demás,
que eso no me toca a mí;
y pues soy puerco en decirlo
y llegó mi san Martín,
deja que me vaya ahora;
ya don Andrés viene allí,
él te dirá lo demás,
pues nadie podrá decir
la verdad como él si quiere.
La Sancta Dei genitrix
te saque de tantas dudas
y a mi me libre de ti.

(Vase.)

(Don Juan, empuñando la espada, se va a don Andrés.)

Don Juan   Pues que sabidas están
                mis dudas, ¿que aguardo, pues?
                Matar quiero a don Andrés.

Don Andrés   Yo os lo perdono, don Juan.

Don Juan   Sacad para este castigo
                la espada, que esto ha de ser.

Don Andrés	¿Qué es lo que queréis hacer?
Don Juan	Dar la muerte a un falso amigo.
Don Andrés (Aparte.)	(Que fue Mojicón infiero quien le contó mi traición.)
Don Juan	No está mi resolución para esperar vuestro acero. Acabad: ¿a qué esperáis?
Don Andrés (Aparte.)	(Sin duda se lo ha contado.) Señor don Juan, ¿qué os ha dado? ¿También conmigo os tiráis?
Don Juan	Sin él os he de matar si no sacáis vuestro acero, pues esto ha de ser primero en salud me he de curar; ¿no queréis, pues, desta suerte?
Don Andrés	Esperad, don Juan, ¿qué hacéis? Sabed lo que me debéis, y dadme luego la muerte.
Don Juan	Es obligación, decid con que me intentáis templar, que luego os he de matar.
Don Andrés	No es muy fácil, pero oíd: apenas desta ciudad os fuistes, ayer apenas a acompañaros salí media legua de Valencia,

cuando al volver a cuidar
de una obligación que es vuestra,
que algún diablo me metió
en saber vidas ajenas,
llegué con la noche oscura
examinando las puertas
y rejas de vuestra casa,
y hallé a don García en ellas,
con Inés, una criada
de Leonor, dándola quejas
de vuestra esposa, diciendo
que, ya que su amor desprecia,
lo que no ha podido el ruego
ha de alcanzar la violencia;
que esta noche por las tapias
pretende asaltar la fuerza
de que en vuestra ausencia fui
general y centinela;
y dándole Inés entonces
esperanzas algo inciertas,
que esto de dar esperanzas
es uso de los que tercian,
se apartó de la ventana,
y como la noche negra
no les permitió a los ojos
sombras de la sombra apenas,
aunque escuché a don García
quiso que infelice estrella
que sin que le viese entrar,
como está su casa cerca,
dentro en su casa se entró;
y en este despecho, en esta
prisión del honor, tan lince
y de una venganza ciega,

solicito a Mojicón
y ruego que abra una puerta
de tu casa: obedeció;
entré con silencio en ella,
maté una luz que la sombra
es de la venganza seña,
salta en esto don García
las tapias, lleguéme cerca,
todo el acierto en mis pasos,
la ira en mi mano diestra;
quéjase Leonor, yo llego;
pero él viendo que se queja,
se hace dueño del amparo
siendo dueño de la ofensa;
entraste (pero no quiero
pedirte que me agradezcas
de mi amistad y mi fe
las debidas recompensas),
lo que agradecer me debes
es, que por curar tu ofensa,
en la campaña esperaba
a tomar venganza fiera
del tirano don García,
puesto que manchar desea
a tu fama, que es mi fama.

(Aparte.) (Miento, vive el cielo, que era
por sepultar con su muerte
a mi traición torpe y fea.)
Pero supuesto que ahora
darme injusta muerte intentas,
saca en buen hora la espada,
y antes que tú saques, reza
por ti, que en dándote muerte
haré por ti lo que pueda.

Don Juan (Aparte.) (A no saber que a Leonor
quiere don Andrés, creyera
que es verdad lo que me dice;
ya pasa a ser evidencia
esta verdad: ¿qué razón
puede haber para que entienda
que no es traidor don García
y que don Andrés lo sea?)

Don Andrés (Aparte.) (Otra cosa hay que curar:
no le ha de quedar sospecha,
que sagaz, aunque traidor,
mi ingenio no le resuelva.)
¿Quieres ver cuánto me debes?
Que mucho antes que vinieras
de Flandes quise a Leonor,
y aun no fuiste dueño della
cuando del fuego de amor
fue ceniza la materia.

Don Juan (Aparte.) (Digo que aqueste es leal,
y aquesta enigma cubierta
que erró su ciega pasión,
ha descifrado su enmienda.)
Yo si a matarle venía
fue justo enojo mi queja,
que no es razón que tú tomes
la venganza de mi afrenta;
bueno quedara mi honor
si tú la muerte le dieras,
yo he de ser quien le dé muerte.

Don Andrés Pues la ocasión aprovecha,

	que aquí le espero que llegue.
Don Juan	No vendrá.
Don Andrés	Que venga es fuerza.
Don Juan	No puede ser.
Don Andrés	Di ¿por qué?
Don Juan	Yo lo sé; solo quisiera que me dieras un consejo.
Don Andrés	Prosigue.
Don Juan	¿De qué manera daré muerte a don García? ¿Parécete a ti que sea llamándole a la campaña?
Don Andrés	Calla, que es pregunta necia; porque ha de ser la venganza del modo que fue la ofensa; ¿su ofensa no fue traidora?
Don Juan	Traidora fue; pero sepa cómo he de poner venganza.
Don Andrés	Di, ¿no entró en tu casa mesma por las tapias?
Don Juan	Así es.
Don Andrés	Pues por las tapias intenta

	entrar también en su casa, cobra tu castigo en ella, que herir por los mismos filos es del agravio destreza.
Don Juan	Sí, ¿pero yo he de matarle a traición? Di, ¿porque él sea traidor he de ser traidor?
Don Andrés	Esas bizarrías deja para honrados pundonores, mas no para las afrentas.
Don Juan	Pues si es hora, amigo, vamos.
Don Andrés (Aparte.)	(Proseguir mi engaño es fuerza.)
Don Juan	Hoy con toda mi venganza todo mi honor se carea.
Don Andrés (Aparte.)	(Por encubrir un delito, ¡qué de traiciones se esfuerzan! A mí me importa matarle.)
Don Juan	Darle la muerte quisiera.
Don Andrés	En fin, ¿qué es lo que dispones?
Don Juan	Presto aguardo que lo veas.
Don Andrés	Ya hemos llegado a su casa, saltemos las tapias, ea.
Don Juan	Gracias doy a mi fortuna,

| | que sé el dueño de mi ofensa; |
| | pues, don Andrés, al castigo. |

Don Andrés   Quiera el cielo que le veas.

Don Juan   Porque te deba un honor.

Don Andrés   Porque una vida te deba.

Don Juan   Páguete honor el consejo.

Don Andrés   No quiero que le agradezcas,
              pues más me importa su muerte
              que a ti tu venganza mesma.

(Vanse.)

(Sale don García.)

Don García   ¡Hola, criados! ¿Qué es esto?
              No hay nadie en aquestas piezas;
              toda la casa está a escuras;
              entrar quiero a ver si en ella
              ha dejado alguna luz
              Inés; como es tarde es fuerza
              que esté Juana recogida;
              ir a su cuarto quisiera.

(Vase.)

(Salen don Juan y don Andrés.)

Don Juan   Ya hemos saltado a la casa
              de don García.

Don Andrés	Pues llega
tan quedo para el castigo
que a ti propio no te sientas.
La casa es de don García
la que descuidada y quieta
está ensayando en el sueño
la imagen de la tragedia.
Los dos a buscar entremos
tu ofensor.
Don Juan	Detente, espera;
temor llevo, vive el cielo.
Don Andrés	Vive el cielo, que me pesa
que lo que oculta tu pecho
llegue a confesar tu lengua.
Don Juan	Valor es este temor.
Don Andrés	¡Valor es! ¿De qué manera?
Don Juan	Como no es valiente aquel
que siendo traidor, no tiembla.
Don Andrés	La venganza no es traición.
Don Juan	Dices bien; mas considera
que a mí no me toca ser
traidor porque otro lo sea.
Don Andrés	¡Discreto estás y agraviado!
Mucho temo que no puedas
acertar con la venganza

	cuando el agravio confiesas; pero entremos a matarle.
Don Juan	Bien dices, bien me aconsejas: ¡Muera el traidor!
Don Andrés	Muera, amigo; tú propio tu agravio venga: yo entro adelante por ver si le hallo.
Don Juan	¿Qué aguardas?
Don Andrés	Llega.

(Vanse a escuras tentando.)

(Sepultaré mi traición.)

Don Juan (Aparte.)	(Sanar podré mi dolencia.)

(Sale don García a escuras, y vase diciendo.)

Don García	Entrar procuré a mi cuarto, y apenas llegué a la puerta, cuando pasos he sentido en esa pieza. ¡Ah, doña Juana! ¿No abrís? ¡Hola, Silva!

(Sale don Andrés con la daga desnuda a la puerta.)

Don Andrés	Hacia aquí suena de don García la voz.

Don García   ¿No hay
             quién responda?

Don Andrés   Si esperas
             la voz de mi ardiente acero
             te podrá dar la respuesta.

(Sale don Juan con la daga en la mano buscando a don García.)

Don García   ¿Hermana? Nadie responde.

Don Juan   O fue ilusión de la idea,
             o hacia aquí escuché la voz
             de don García.

Don García   Ya es fuerza
             porque he sentido pisadas,
             ir a esta cuadra primera
             por ver si encuentro la luz.

(Vase.)

Don Andrés   ¡Ahora, ahora, violencias!
             Morirá si aquí le encuentro.

Don Juan   Si llego a encontrarle, muera.

Don Andrés   Él llega.

Don Juan   Ya yo le tiento:
             ¡Cobarde! Desta manera
             recompensará mi acero
             los indicios de mi ofensa.

Don Andrés   Muerto soy.

(Dale a escuras don Juan a don Andrés y cae boca abajo, y tápale la boca don Juan con la capa.)

Don Juan   Cierra los labios;
                    y si hablar mejor deseas,
                    boca tienen tus heridas
                    pues está mi agravio en ellas;
                    la cara le he de cubrir.

Don Andrés   Advierte...

Don Juan   En vano te quejas.

Don Andrés   Que yo he tenido la culpa.

Don Juan   Ya está pagada la pena.

Don Andrés   Pésame haberle ofendido.

Don Juan   Pues también quiero que sepas
                    que me pesa darte muerte;
                    mas perdona, aunque me pesa.
                    Ya murió, buscar pretendo
                    a don Andrés; aquí afuera
                    ha de estar.

(A la puerta Mojicón.)

Mojicón   Abrid aquí.

Don Juan   Llamando están a la puerta.

Mojicón	Yo le vi saltar las tapias.
Don Juan	Los dos mi venganza vean.
Doña Leonor (Dentro.)	Abre, doña Juana.
Don Juan	¡Oh cielos! También mi esposa es aquella: ¿Qué importa? Yo me despecho, Valencia y el mundo sepa que di muerte a don García porque intentó con violencia violar de mi honor el templo.

(Salen don García con luz, doña Leonor, don Félix, doña Juana, Inés y Mojicón.)

Don García	Engañase aquel que piensa...
Don Juan	¡Cielos! ¿qué es esto que miro?
Don García	¡Qué ilusión, cielos, es esta!
Don Juan	Erré y acerté el castigo.
Don García	¿Cómo tú en mi casa mesma diste muerte a don Andrés?
Don Juan	Salté a darte muerte en ella, y errando la medicina vine a curar la dolencia.

Don García	¿Cómo?
Don Juan	Él fue quien me ha ofendido.
Doña Leonor	¿Quién te lo ha dicho?
Don Juan	Su lengua.
Mojicón	Las de ogaño y las de antaño pagó de aquesta manera.
Don Juan	La traición busca el castigo.
Doña Juana	La culpa busca la pena.
Doña Leonor	¿Estás satisfecho?
Don Juan	Sí.
Doña Leonor	¿Pues qué es lo que ahora intentas?
Don Juan	Que tan prudente senado perdone las faltas nuestras.

Fin de la comedia

Libros a la carta

A la carta es un servicio especializado para
empresas,
librerías,
bibliotecas,
editoriales
y centros de enseñanza;
y permite confeccionar libros que, por su formato y concepción, sirven a los propósitos más específicos de estas instituciones.

Las empresas nos encargan ediciones personalizadas para marketing editorial o para regalos institucionales. Y los interesados solicitan, a título personal, ediciones antiguas, o no disponibles en el mercado; y las acompañan con notas y comentarios críticos.

Las ediciones tienen como apoyo un libro de estilo con todo tipo de referencias sobre los criterios de tratamiento tipográfico aplicados a nuestros libros que puede ser consultado en Linkgua-ediciones.com.

Linkgua edita por encargo diferentes versiones de una misma obra con distintos tratamientos ortotipográficos (actualizaciones de carácter divulgativo de un clásico, o versiones estrictamente fieles a la edición original de referencia).

Este servicio de ediciones a la carta le permitirá, si usted se dedica a la enseñanza, tener una forma de hacer pública su interpretación de un texto y, sobre una versión digitalizada «base», usted podrá introducir interpretaciones del texto fuente. Es un tópico que los profesores denuncien en clase los desmanes de una edición, o vayan comentando errores de interpretación de un texto y esta es una solución útil a esa necesidad del mundo académico.

Asimismo publicamos de manera sistemática, en un mismo catálogo, tesis doctorales y actas de congresos académicos, que son distribuidas a través de nuestra Web.

El servicio de «Libros a la carta» funciona de dos formas.

1. Tenemos un fondo de libros digitalizados que usted puede personalizar en tiradas de al menos cinco ejemplares. Estas personalizaciones pueden ser de todo tipo: añadir notas de clase para uso de un grupo de estudiantes, introducir logos corporativos para uso con fines de marketing empresarial, etc. etc.

2. Buscamos libros descatalogados de otras editoriales y los reeditamos en tiradas cortas a petición de un cliente.

www.ingramcontent.com/pod-product-compliance
Lightning Source LLC
LaVergne TN
LVHW041336080426
835512LV00006B/480